U0856902

《百年党史在浙江》系列成果图书

永恒记忆

徐华健 程就 著

团结出版社

图书在版编目(CIP)数据

永恒记忆 / 徐华健，程就著. - - 北京：团结出版社，2023.1

ISBN 978 - 7 - 5126 - 9924 - 3

Ⅰ. ①永… Ⅱ. ①徐… ②程… Ⅲ. ①革命史 - 淳安县 Ⅳ. ①K295.54

中国版本图书馆 CIP 数据核字(2022)第 230332 号

出　版：团结出版社
（北京市东城区东皇城根南街 84 号　邮编：100006）
电　话：(010)65228880　65244790
网　址：http://www.tjpress.com
E - mail：65244790@163.com
经　销：全国新华书店
印　刷：北京荣泰印刷有限公司
装　订：北京荣泰印刷有限公司

开　本：143mm × 210mm　32 开
印　张：4.5
字　数：94 千字
版　次：2023 年 1 月　第 1 版
印　次：2023 年 1 月　第 1 次印刷

ISBN 978 - 7 - 5126 - 9924 - 3
定　价：48.00 元

（版权所有，盗版必究）

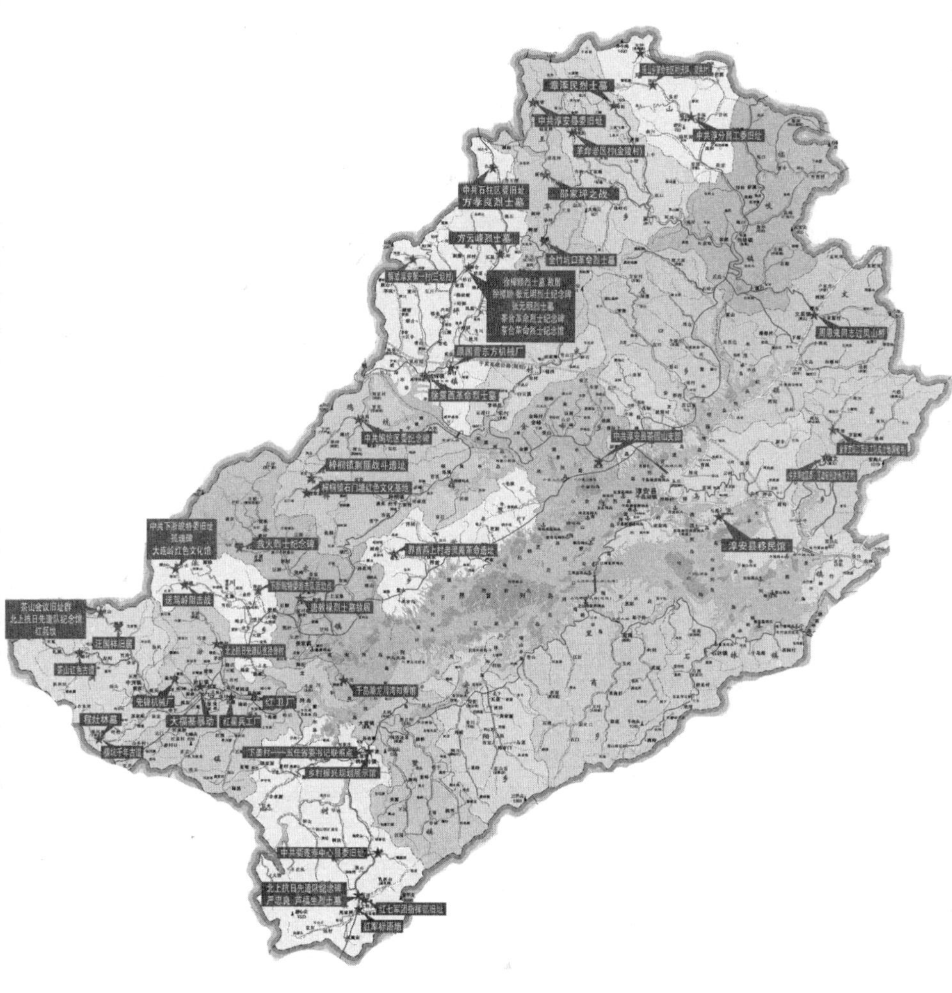

淳安县红色旧址分布图

前言

绵延百年的改天换地,让人心潮澎湃。一个世纪的红色记忆,让人回肠荡气。

责任与使命赋予时代重任。我们决不能让红色的印记成为秋天的落叶、沙漠的足迹,而应该使它成为永恒的图腾、不朽的雕刻。历史宛如新安江,直入东海不复回。烈士的遗骨已与大山融为一体,茁壮为绿草与鲜花。幸存者们也随着岁月的流逝而相继作古,让精彩叙说成为传说。由此可见,要从岁月手中抢救精神遗产,就必须和时间比速度。在这一点上,淳安县委党史研究室、党史研究者及广大党员、群众一直在艰辛努力着。因为,历史不能复制,英灵岂容删除?就如浮云遮不住星星和太阳一样。

有过多少往事,仿佛就在昨天;有过多少朋友,仿佛还在身边。历历往事如陈年的甘醇,像喷薄的朝阳,似劲射的火山,激活了昨天与今天,激发了老者与青年。淳安(遂安)鲜血浸染的红色革命史和波澜壮阔的家国建设史,令人感慨、引人感叹、使人感怀、让人感动……

我们每天都被感动着。在那个影像文字资料奇缺的

时代，一大群当年的少年，他们用眼睛当摄像头，脑子作存储器，记录下了那么多稍纵即逝的精彩与经典，无论是腥风血雨，还是荡气回肠，均为我们积下了丰厚的精神食粮。在他们身上，我们切身感受到了一种昂扬向上的精神。

我们永远都被感动着。历史不会遗忘，记忆可以传承。就像连绵的新安江和不竭的千岛湖一样，这份前辈创造和记录的红色遗产，将由生生不息的后辈来收藏和延续，百年交接，千秋不灭。这也是我们的初衷：将淳安（遂安）的红色丰碑铸进每个千岛湖人的心底，让它成为一个族群永远的印记。

感谢那个激情燃烧的岁月，感谢那段红光闪耀的历史，感谢无数献身信仰的英烈和不懈的拓荒人，也感谢众多“红色记忆”的珍藏者和淘宝人。

为淳安的红色宝库再开一扇门，为淳安的红色丰碑再砌一块砖，为淳安的金色时代再添一缕光，为淳安的彩色未来再吟一首诗，这是我们的职责，更是我们的使命。对此，我们义无反顾，义不容辞。

用记录告慰先行者，将史实传与后来人。淳安闪耀的红色光标，是历史的永恒记忆，必将激励我们传承前行，奋力攀高！

2022年6月23日

目录

大福基暴动

红旗卷起农奴戟

1930年，原遂安县的大福基一带（今汾口镇汾口村大福基自然村）灾荒严重，田地里春粮几乎无收，农民家中无粮，更交不起田租和税赋。可是当地政府和地主富商不但不放粮接济大家，就连农民用钱购买粮食都不允，一定要农民给财主家白干3天活儿，才能卖给农民粮食和其他杂粮果腹。穷苦大众饥饿难耐，生死一线，忍无可忍。

在这种背景下，中共上级党组织派两名党员到淳安的茶园和遂安的汾口一带活动，以加强对当地农民运动的指导，很快与洪水树、陆银祥、余海法、洪永树、程彩琪等骨干取得了联系，并分头到邻近村庄进行发动。经过宣传教育，大福基、霞沅山、湖塘村一带有200多人踊跃报名，参加起义，组建了“大汉农民革命军”。

“大汉农民革命军”于计划8月30日正式举行起义，并打算和茶园的农民队伍联合起来，进攻城镇。计划首先攻打霞源山和湖塘村的保安队，夺取武器，然后将地主家的粮食分给贫苦农民，队伍扩大之后，再攻打狮城

镇，最后，转到江西磨盘山与红军队伍会合。由于淳安茶园农民起义于7月13日提前开始了，因此大福基起义便于7月14日匆忙举行。

这一天，贫苦农民200多人，从四面八方集合到大福基。每人手臂上均戴有特制的袖标，手里拿着柴刀、锄头，还有几支土枪、几把马刀。在洪水树等带领下，高举旗帜，浩浩荡荡地朝霞沅山进发。不料，起义队伍在大福基集合时，被地主周芳陞发现并立即报告了国民党遂安县政府。县政府当即派自卫队前往霞源山对农民起义队伍进行围攻，遂安县县长周权美亲自坐镇指挥。农民起义队伍由于缺乏训练，加上准备不充分，匆忙上阵，开战不久队伍即被冲散。起义队员有的被捕，有的牺牲，伤亡惨重。

大福基暴动虽然失败了，但参加者不畏强暴、敢于斗争的反抗精神却孕育着革命的种子，为红色风潮的到来提供了“酵母”。

中国工农红军北上抗日先遣队途经鲁村

“家厅”曾经驻红军

如今汾口镇鲁村呈现的已是一片富足与祥和。然而，在80多年前那个民不聊生的年代，这里曾经卷起一股滔天的红潮，其留下的遗迹和回忆，至今仍被村民们细心珍藏并津津乐道。

20世纪30年代，正当淳安的红色种子在烈火与鲜血中顽强生根、倔强发芽之时，以挽救民族危亡为己任的中国共产党，已经拉动了红色的弓弦。一支红色之箭从“红都”江西瑞金射出，箭支风驰电掣，直指淳安。

1934年9月18日中午，中国工农红军北上抗日先遣队即红七军团大部队5000余人，在头一天进入的先头部队引导下，从常山的芙蓉、毛良坞进入淳安白马。9月18日、19日两天在白马的大桥头、石柱口、余村、里湖、白马等村庄宿营，司令部就设在里湖村“俞义士”祠堂右侧的一幢房子里。9月22日夜，红军大部队陆续开进汾口鲁村。第一、第二队进驻“詹氏家厅”及附近的民房后，立即派人在村东北的横宅头和塘岭设立岗哨。据村中老人回忆，他们亲眼见到“詹氏家厅”中拴有战马10余匹，轻重机枪

各一挺，枪口都对着厅门外。先期到达并已在詹氏祠堂以看戏做掩护的红军便衣队，得知大队人马来到的消息后，马上分头去抓土豪劣绅。他们根据先前侦察、暗查拟就的花名册，在村民的帮助下，把联保主任詹明升、村长詹多宝、茶叶老板詹觉、保正詹士觉都抓了起来。

当夜，红军就在村里用红土朱泥书写大字标语，路边石灰粉面的墙上，随处可见“打倒帝国主义”“打倒国民党反动派”“红军坚决北上抗日”“打倒土豪劣绅”“均分土地青山”“打倒蒋介石”等标语，总数在百条之上。鲁村俨然成了一个红色的世界。随后，红军打开地主、联保主任的粮仓、货仓，将布匹、粮食等物资都分给了贫苦百姓。

红色队伍开拔之前，住在村民詹枝松家的红军战士，在他家二楼的墙壁上留下了“茂如题”的记事诗。此红色墨迹到20世纪90年代依然清晰可见。在宣传和动员下，当时鲁村有很多村民自愿加入了红军。

中国工农红军北上抗日先遣队烈士纪念碑

青山秀水且为英魂舞

在枫树岭镇白马村一处翠柏挺立、青松环绕的山坡上，矗立着一座高大巍峨的建筑，似一柄利剑直刺苍穹，这就是中国工农红军北上抗日先遣队烈士纪念碑。

这座纪念碑记录着一场惊心动魄的厮杀，凝固着一件感天动地的悲壮往事。每逢传统祭祀节日，这里都会聚集一拨拨前来祭奠的人，他们用自己的方式，和先烈对话，向英灵致敬。

1934年11月23日下午，中国工农红军北上抗日先遣队红十军团第十九师3000余人，为完成中央关于在遂安、开化、常山建立根据地的任务，在师长寻淮洲、政委聂洪钧、政治部主任刘英、参谋长王如痴等人的率领下进入淳安县枫树岭镇白马、石柱口、余村、里湖一带。当时，国民党“浙保”二纵3个团5个营在副指挥蒋志英的率领下从常山县一路尾随。为了打击敌军的嚣张气焰，抗日先遣队利用白马、石柱口、余村、里湖一带两面临山、中间一片开阔地的有利地形，修筑工事，准备伏击该敌。11月24日上午，敌军派出一驾侦察机飞临白马上空侦察，并

中国工农红军北上抗日先遣队烈士纪念碑

投掷3枚炸弹进行火力试探。中午11点30分，敌军相继进入伏击圈，红十九师即发起全面进攻，将敌分割成3段，敌凭借优势武器进行顽抗。红军由于战线太长，兵力不足，武器太差，不能彻底将敌歼灭，敌副指挥官蒋志英被红军打伤后，丢下数十具尸体，仓皇率部逃往常山，红军追击10余里后返回，这次战斗红军亦牺牲30余人。为纪念红军北上抗日先遣队两次进军白马和缅怀在“白马之战”中牺牲的红军烈士，淳安县人民政府于1984年8月拨款在白马之战原址(枫树岭镇里湖村、余村背后，白马中学旁边的大坪山上)建造了“中国工农红军北上抗日先遣队烈士纪念碑”。该碑高8.5米，碑背面题写着“红军烈士永垂不朽”8个大字。1985年9月25日，县政府公布其为文物保护单位，1996年3月被列入市级爱国主义教育示范基地。

红七军团指挥部旧址

这里曾是红色铁流的“中枢”

如今的枫树岭镇白马村里湖自然村，呈现的是一派安居乐业、生活丰足的光景。然而，时光倒回到80多年前，这里却是红色铁流的中枢，电波飞传，战旗猎猎，千军对阵，万马嘶鸣。

正当江西革命根据地遭受反动派疯狂“围剿”之时，以挽救民族危亡为己任的中国共产党，已经拉动了红色的弓弦。一支红色之箭从“红都”瑞金射出，直指淳安。

1934年9月17日下午3时许，红军北上抗日先遣队，即红七军团的先头部队约500余人，从常山进入淳安的白马。侦察营二连84人，从瑞金出发后一直打前站。进入白马后，抓获并处决了4名土豪劣绅。

9月18日，红七军团主力数千人在中央代表曾洪易、总指挥寻淮洲、政委乐少华、参谋长粟裕、政治部主任刘英的率领下，进入淳安枫树岭镇(原白马乡)白马、石柱口、余村、里湖一带。指挥部设在里湖村“俞义士”祠堂，通信设备安装在地势较高的“俞义士”祠堂左侧的一间厅屋内(系村民俞开化的住宅)。当夜，指挥部接到中革军委主

红七军团指挥部旧址

席朱德的电令，命令红七军团以袭击方式占领遂安县城，并以遂安县为中心建立根据地，同时规定遂安县为抗日先遣队最后的活动区域。

先遣队接到命令后即派出侦察部队，对遂安县城及附近的敌情进行全面侦察，后发现敌第49师从开化方向向白马扑来，敌补充一旅从衢县方向向白马扑来，遂安县城也已增调“浙保”纵队2000余人守卫。抗日先遣队发现敌情非常严重，且有被围歼可能，于是当机立断于9月20日从白马撤离，往桐山方向的汾口、浪川等地撤向皖南。1934年11月24日，由红七军团改编的红十九师，在师长寻淮洲、政委聂洪钧的率领下，再次进入白马，并将师部再次设在里湖村“俞义士”祠堂内，在这里组织指挥了著名的“白马伏击战”，打垮国民党浙江保安第二纵队，歼敌100余人。敌纵队副指挥官蒋志英被击伤后逃窜。

如今，光阴飞转，硝烟已逝，旧址尚在，故事广传。这里成了后人们凭吊先烈、激励志向的场所。

红军标语墙

正义主张永传扬

1934年9月17日，中国工农红军北上抗日先遣队先头部队进入淳安县白马一带，第二天全军进入白马、里湖、石柱口、余村一带。

时值9月18日，先遣队为纪念“九·一八”事变，在白马村召开了“九·一八”纪念大会。其间，红军在许多民房墙上写下抗日标语，其中写在现枫树岭大桥头村石柱口自然村西北部俞姓小祠堂上的标语，在当地群众的精心保存下，一直保留至今。标语共24条，其中19条以纪念“九·一八”开头，3条以反对帝国主义侵略为主题，1条为“争取苏维埃全中国的胜利”，1条为“消灭阻止红军北上抗日的国民党军阀来犯”。标语署名为“红军北上抗日先遣队医口目(宣)”，可能是医疗队或医务处书写的。

据当地居民回忆，写标语者为一位十六七岁的少年红军。标语墙所在的“俞氏家厅”，坐东北朝西南，单间面宽4米，进深5.8米，硬山顶。红军标语写在东侧一面墙体上，墙体高5.8米，宽3.28米，墙壁上共书写红军标语26列，字体大小不一。

白马红军标语墙

有关“红军标语墙”，当地流传着许多传说。其中有一个说的是当地有位老太婆，名叫余金凤，曾目睹了红军的好。面对白匪清乡的日益紧逼，担心他们肯定会毁掉“红军标语墙”，以断掉百姓的念想。老人辗转反侧了好几夜，终于想出了一个法子。她上山砍了几十根杉树条，并排拦靠在标语墙上，再在杉树条边种上一排南瓜，南瓜藤在杉树条上爬啊，爬啊，像渔网一样密密地裹在上面，把标语墙遮了个严严实实。白匪来村里折腾了几次，竟然没有发现一点破绽。由于年代并不久远，所以其传说肯定有它的真实性。由此可见，在此后陷入的白色恐怖中，红军标语墙仍能完整地保存下来，当地群众的刻意保护可见一斑。

1982年3月16日，“红军标语墙”被列为县级文物保护单位，其详细状况以及标语记述内容均做了图文登记。

“俞氏家厅”历经百年后日显破旧，现为村集体财产。被列为县级文物保护单位后，为保护标语，村委会曾对墙体进行过整体修整，现所看到的系重拓后的标语。该标语墙1996年3月被列为杭州市市级爱国主义教育示范基地。

衢、遂、寿中心县委遗址

四十多位红色战士慷慨赴死

中共衢、遂、寿中心县委遗址位于枫树岭镇(原白马乡)衍昌村横源田自然村，现址是在原址上修建的一栋40余平方米的小平房。

1936年7月，受中共浙皖特委指派，休宁县委书记严忠良带领一支游击队，到衢(衢县)、遂(遂安)、寿(寿昌)交界的千里岗山区，开展游击活动，扩大革命根据地。与严忠良同来的还有柴老三、程元海等人。

是年10月初，根据特委指示，严忠良在白马横源田村后的一个山棚里召开各区委负责人会议，正式成立"中共衢遂寿中心县委"。严忠良担任中心县委书记，柴老三、卢福生、程元海等任委员。此时，红色武装斗争已经轰轰烈烈，正规红军游击队由原来的90余人发展到120多人。淳安的白马、上坊、上梧、安阳、铜山等地有500多穷苦农民报名参加了不脱产的"坐地红军"。

严忠良，1914年出生于江西省上饶县枫岭乡坑口村，1930年参加中国工农红军，1934年参加中国工农红军北上抗日先遣队。1935年1月，抗日先遣队在江西怀玉山失

衢、遂、寿中心县委遗址

败后，随部分失散的同志在皖、浙、赣边区坚持游击斗争，后接上了组织关系。他们领导的红军游击队在白马的乳洞山，大墅的儒洪、桃林，里商的石门等地区开展武装斗争，引起了反动派的极度恐慌。

1936年11月，混进革命队伍的金光发公开投敌，向安阳警察局局长吴必克供出红军游击队在遂安横源、直源一带的活动情况。11月6日，衢州保安团70余人开赴九里虹，“围剿”工农红军，将当地红军战士黄坤寿、黄如珍等5人杀害于安阳的陈家门。11月8日，大批保安团开进，实行移民并村。九里虹30多幢房子和5000余公斤粮食被全部焚毁。

1937年1月下旬，国民党遂安县政府奉命办理封锁、

“清剿”工作，在大墅成立了县长临时办事处，还成立了六县交界地区“清剿”指挥部。清剿指挥部总指挥鲁忠修率领国民党军第93团和侦缉队驻扎白马。中心县委通信员段新元被白色恐怖吓破了胆，向国军第93团团长唐肃交出了中心县委的主要领导人名单及其活动情况。

1937年2月3日（农历一九三六年十二月廿二日）晚上8点钟左右，中心县委正在横源田村许麦生家召开紧急会议。由叛徒段新元带路，唐肃亲自率其团第8连及便衣队100多人，分别从岭盘和岙后两个方向将横源田村围了个严实。这时，村里的狗叫声引起了正在主持会议的严忠良的警觉。当段新元走到离许麦生家门不远处时，严忠良发现了国民党士兵，便立即开枪射击，打死敌军1名，打伤3名。敌军架在山溪对面水碓边的机枪立即开始射击。唐肃下令放火烧掉许麦生家的房子。严忠良迅速将记录有关党组织情况的本子和秘密文件销毁，并和县委委员卢福生等同志一起和敌人周旋了一个多小时，直到房子烧毁倒塌。严忠良、卢福生及许麦生的儿子许别昌当即壮烈牺牲。区委书记王文开，县委工作人员程余开、陆香蓉、崔娜尼及许麦生、许永清、余才娣负伤后被捕。当晚，在横源田被捕的还有廖老四、廖永泰、俞金花、方栋梁等。唐肃还下令将严忠良、卢福生两人的头颅割下，派人挑到白马，挂在树上示众3天。国民党军用烧红的铁钳刺进被捕的游击队领导谢国生、袁柯寿的鼻孔，

逼其屈服，两人坚贞不屈，最后和其他4人一起被杀害。半个月后，国民党反动派又集体枪杀了中共地下党员黄福建、章华奎、赵树华等15人。据不完全统计，在这次“清剿”中，仅白马、上坊、上梧、安阳等地，为革命牺牲的共产党员、红军战士和革命群众就达40多人，被捕117人。

严忠良、卢福生烈士墓

唐敦禄烈士墓

满腔热血在青山绿水间凝固

姜家镇木旺村有座烈士墓，掩埋着一位忠诚的共产党人的铮铮铁骨。

就在抗日浪潮如火如荼的1943年，一位积极从事抗日活动、宁折不弯的遂安籍共产党员，在受尽国民党顽固派的酷刑后停止了呼吸。他就是曾任中共遂安县委书记的唐敦禄。

唐敦禄，原遂安县二区（今淳安县姜家镇）木旺村人，化名王守成，1902年出生。1927年在严州九中读书时加入中国共产党，毕业后，回原籍，以教书为掩护，从事革命活动。是年，中共浙西特委遂安特别支部成立，成为遂安特支的骨干。不久，遂安特支遭到破坏，唐敦禄与组织失去联系。

1936年3月，中共皖南特委茗坑中心区委，在狮古山（今浪川乡境内）举办游击教导总队干部训练班。唐敦禄入训练班学习，并重新加入中国共产党。训练班结束后，唐敦禄在郭村、姜家一带开展革命活动，创建郭村区委和木旺区委。与此同时，在淳安港口和建德梅城设立联

唐敦禄烈士墓

络站，为红军筹集军需物资。1936年6月，中共下浙皖特委在狮古山成立，唐敦禄任特委委员。同年8月，中共遂安县委成立，唐敦禄兼任县委书记。

1936年11月，国民党政府调派10余万军队对浙皖边区进行全面“围剿”，唐敦禄被通缉。为了避开敌人的耳目，唐敦禄利用同学、同乡关系，迁居建德梅城三元坊，继续为党工作，在梅城、十里埠、洋溪等地发展20多名党员。同年年底，在建德又遭通缉，被迫转移到杭州武林门半道红13号暂避。

1938年春，唐敦禄获悉新四军到达安徽歙县，遂长途跋涉到歙县寻找新四军，要求随部队到抗日前线参战。

新四军政治部主任李步新根据革命斗争需要，派唐敦禄回原籍继续坚持地方工作，开展抗日救亡运动。返回途中，在安徽潭山乡朱石村不幸被捕。8月，经新四军政治部与国民党遂安县党部交涉获释。出狱后，唐敦禄在安阳牛栏坑教书，组织当地农民和爱国人士开展抗日斗争。

1942年7月，因地主、国民党遂安县党部候补执委唐彦杰告发，唐敦禄再次被捕。在狱中，尽管敌人用尽酷刑，致使他双腿被打断，遍体鳞伤，仍大义凛然，宁死不屈。次年正月二十五日被敌人折磨致死。临终前，对兄弟唐敦佑、唐敦春说："你们到一定时候再去参加新四军，如果新四军不来，你们等士祥(唐敦禄之子)20岁把他带到新四军里去。"

新中国成立，唐士祥找到了原新四军政治部主任李步新，诉说了父亲牺牲的经过。唐士祥后在芜湖师范大学工作。

老灵庵革命遗址

废墟下的红色荣耀

地处界首乡燕上村的老灵庵遗址，位于海拔800米的深山岙。

相传老灵庵已有1200余年历史，这里既有秀丽风光又有文化内涵和红色元素。20世纪30年代，这里是淳安红色火种的播撒地之一，曾经上演了雄壮悲歌、慷慨激昂的红色传奇。

原遂安县狮城镇方家弄府厅路的余家达，1899年出生，浙江法政大学毕业后，化名“汉波”，以律师为业。1927年4月11日，杭州发生反革命政变，大批共产党人和革命群众惨遭屠杀。东亭燕源村正在浙江法政大学读书的共产党员严立中潜回家乡，介绍余家达加入中国共产党。同年7月，中共遂安特别支部成立，余家达以律师的合法身份开展工作。是年12月，遂安特支被破坏，他与党组织失去了联系。

1936年6月，中共下浙皖特委书记何英、副书记苏宏发来到狮城，在燕源（今界首乡燕上村）老灵庵建立了由特委直接领导的地下联络站，安排中共东亭区委委员叶一新(和尚)率通信员傅丹熙、方龙生长期驻扎在老灵庵。不久,叶一新利用合法身份先后在狮城发展医生宋奋吾、律师余家达(重新入党)、任振心等知识分子加入中国共产党。当年12月,特委副书记苏宏发到老灵庵组织建立中共狮城区委,指定余家达为区委书记,狮城镇党支部书记宋奋吾以及任振心、叶一新为区委委员。同时在老灵庵建立遂安县青年会(共青团),余家达兼任青年会总书记,即共青团遂安县委书记。此后,当地的红色革命开展得有声有色。

1937年2月,余家达、叶一新、严立中等人在老灵庵开会时被敌包围,被捕后押解到衢县监狱囚禁。在狱中,余家达不屈不挠地与敌人展开斗争。当审判官问他认不认识叶一新及叶一新是不是共产党员时,余家达镇定自若地回答:"当然认识,但只知他是和尚,是不是共产党员,你去问他本人。"审判官说:"你认识他,你们都是共产党!"余家达反唇相讥:"在遂安狮城一带,连3岁小孩都认识叶一新,难道3岁小孩都是共产党?现在审判官先生不也认识他了,难道你也是共产党?"审判官话锋一转:"你宣传爱国抗日,是共匪言行,知罪吗?"余家达质问审判官:"宣传爱国抗日有罪,难道国民党的言行是卖国求荣吗?审判官先生,你这样审问我,你知罪吗?"一连串的反问,变成了余家达在审问审判官。

敌人对余家达用尽酷刑,但余家达铮铮铁骨,毫不

屈服。1937年5月21日，惨遭敌人杀害。叶一新亦同期被害。

余家达被捕后，妻子不幸病故，留下4个未成年的孩子。敌人扬言要斩草除根。大儿子余之鹤当时才14岁，被迫离家流浪；11岁的大女儿和8岁的小女儿分别给人当了童养媳；小儿子余之浩只有4岁，改名换姓后托人抚养。从此兄弟姐妹天各一方。直到1987年，才在多方努力下，几经周折得以团聚。

狮城区委遭敌人破坏后，老灵庵同时被反动派焚毁。

中国共产党淳安县茶园山支部

星星之火闪烁在大山深处

在烽火岁月，位于金峰乡五龙村的茶园山，曾经燃起过一团红色的火焰。虽然在淳安波澜壮阔的革命斗争史中一闪而过，但它留下的光亮依然为党史工作者所关注，也让当地群众津津乐道。

1940年8月，中共金属特委的老伊（王志远）通知武义区委的王照垣到淳安工作。

1940年9月，中共衢（州）属特委宣传部部长陈伟达抵达淳安，在原屏峰乡五坑村（今属金峰乡）秘密建立了中共五坑支部，由陆世涛担任党支部书记，秘密开展革命活动。1940年11月，中共淳（安）遂（安）工作委员会正式建立，王照垣任书记，林一新任组织部部长，吴坚毅任宣传部部长。工委机关设在淳安县城镇程家巷2号梁超群家的楼上。这是抗战时期，淳安唯一的一个县级党组织。

五坑村距淳安县城只不过5公里，国民党第67师某部队驻扎在这里，五坑党支部在这里活动，容易被反动派发觉，于是，陆世涛以游医身份选择了距五坑村5公里、

金峰茶园山支部

需翻越一条人迹罕至的山岭才能抵达的茶园山，作为党支部落脚的理想地址。经中共淳遂工作委员会书记王照垣批准，支部改迁茶园山。在这里，陆世涛先后发展陆益勋（即陆照林）、陆汉林为地下党员。王照垣曾在陆世涛的陪同下，至茶园山支部召开会议，传达省委关于立即隐蔽潜伏积蓄有生力量，迎接革命新高潮到来的指示。

1941年年初，国民党顽固派发动皖南事变，实行“反共”政策。1941年3月初，中共衢属特委宣传部部长吴拯黎（吴云之）到遂安狮城镇县邮电局与诸述（杨超仁）接上关系。4月5日，中共淳遂工委改组为中共淳遂工作团，由胡德才任书记，吴坚毅任宣传部部长。4月，吴拯黎在王照垣住处郑家湾召开会议，决定撤销中共淳遂工作团，建立淳安党支部，由胡德才任书记，唐章瑞任宣传委员，梁超群任组织委员。

当年11月，由于叛徒出卖，党组织遭受破坏。

1998年8月，县党史办组织收集了茶园山党支部有关资料，从濒临失传的资料中，发现线索，追本溯源，还原历史真面目。

为更好地宣传弘扬红色文化，2016年10月，县政府投资120万元，在茶园山支部原址旁新建了建筑面积达600余平方米的茶园山支部红色历史展示馆，以铭记历史，励志后人。

中共下浙皖特委旧址

淳安首个地级党组织驻点狮古山

1936年5月至6月，根据中共闽浙赣省委指示，中共淳遂歙中心县委改为中共下浙皖特委，省委任命何英为特委书记。这是淳安县第一个地区级党组织，特委机关又从马鞍岭脚转移到狮古山。从此，狮古山的沈来金家就成了中共下浙皖特委领导机关所在地和开展游击斗争的指挥中心。

中共闽浙赣省委扩大会议明确规定，淳安、遂安、歙县地区所属的党组织归下浙皖特委领导。从此，淳安(包括原遂安)地区及歙县的党组织以狮古山为中心，开展游击斗争，发展党的组织。同年6月，下浙皖特委正式成立，并在狮古山召开了第二次特委委员会议。会议决定，以狮古山为中心，有计划地向平原地区发展。1936年5月，以狮古山为中心的中共下浙皖特委成立了独立连和游击队，后在遂安许家山进行了整编。当游击队发展到300多人时，特委将独立连升格为独立营，黄立义任营长，朱用地任政委。之后，省委在该营中抽调两个连组建省委独立团。

浪川乡狮古山红军纪念广场

1936年8月10日，黄立义率领100余人，包围并击溃驻霞源山的遂安保安中队，缴获步枪3支。9月12日，游击队在姚家、汪家、永山庵、南源、马鞍脚、石山底、杨家坞等地镇压了一批土豪劣绅、乡长、保长，当地群众拍手称快，纷纷主动从物资上支援红军。石门塘的姜武坚、板桥的江天雷发动群众资助了100多块银圆接济游击队；洄溪农民团团长汪天生发动农民团妇女做鞋送给红军游击队；郭村、樟村的农民团员送米、送菜支援红军；潘家、朱石、扎源的农民团员为红军游击队搭起草棚，以便宿营。

在板桥，红军独立连的一个班消灭了壮丁队，缴获步枪14支、手枪1支，轻机枪1挺。10月23日，独立连130人

在鸠坑严家又击溃了基干队和壮丁队160余人，当场击毙7人，缴获土枪6支。红军还以独立营政治部的名义将战果编成《捷报》，油印散发。

12月6日，独立连挑选40名精干的战士，奔袭80里，攻打驻余家的国民党陆军第16师一个营，缴获木壳枪20余支，长枪30支，子弹数箱，并烧毁敌军粮食300多担。同月，游击队攻打龙泉乡公所，缴获步枪17支；在方宅村，捣毁敌碉堡两个，活捉国民党士兵两名。此后，又在淳安西乡赋置源银矿山岗上和花姑庵击溃敌基干队与保安三分队。

1937年2月3日，游击队准备攻打国民党陆军第43师驻郭村某营部。当日晚，在麻田遇敌，双方激战至拂晓，缴获敌军军马一匹、枪支若干后冲出包围圈，因地形不熟又闯入敌包围圈，红军侦察班长、排长壮烈牺牲。突围后，游击队转向梓桐、墩头和界首的严家，又遭遇了7倍于我的敌军包围，损失严重。此后，国民党军队大举进驻许家山、汪家、黄坑、大连岭等地“围剿”，实行“三光”政策。不久，下浙皖特委游击中心区茗坑、狮古山被敌占领。特委及所属的中心县委、区委、党支部全部遭到破坏。

送驾岭阻击战遗址

中秋节红军导演“狗咬狗”活剧

1934年初秋，中国工农红军北上抗日先遣队红七军团，在中央代表曾洪易、军团长寻淮洲、政委乐少华、参谋长粟裕、政治部主任刘英等人率领下进入遂安。浙江保安纵队总指挥俞济时亲自率部赶到遂安狮城，国民党军第49师紧紧尾随红七军团。

9月22日，敌人飞机就飞临鲁家田上空投下三枚炸弹，炸死当地百姓5人，炸伤1人，炸死牛、猪若干头。同日，在铜山也投掷了两枚炸弹。当时的《东南日报》声称：大军云集，包围之势已成，今日开始“围剿”。扬言“三日内将全部消灭红军于白马地区”。

是日晚，红七军团从鲁家田、铜山出发，经潘庵岭、铜山口、夏村、庄前、陆家、岭山、庙岭、卢家、前门、横沿，从横沿过河到中宅、栗园、仙里，经芳村梗、程店、茅坪到达鲁村。9月23日恰逢农历中秋节，红军便就地宿营。

9月24日凌晨，红军大部队开拔，经鲍家坂、枧头、姚家，翻过送驾岭，中午到达鲍家、陈家、连岭脚等村，并派出一部分部队在送驾岭摆开决战的阵势以做掩护。下午

2时许，敌伍诚仁部的第49师第291团先头部队到达送驾岭脚；敌王耀武部的补充第1旅第2团也开至洪家畈，分兵占领北面的宏山岗和南面的山头。红军利用有利地形，灵活机动打击敌人，给敌以重大杀伤。不久，敌补充1旅3团经七里境占据送驾岭东北山头。在两面受敌的情况下，红军巧妙应敌，与尾随的5个团敌军展开周旋，造成敌第49师和补充第1旅互相混战。红军坚持到天黑，完成了掩护大部队转移的任务后，从间道撤出，向连岭转移。两股敌军相向而战，“狗咬狗”混战至午夜，后来双方一吹号，才知道是“大水冲了龙王庙”，便对阵骂娘，但相互已经毙伤了一百五六十名他们自己人。这就是著名的“送驾岭阻击战”。当地至今仍广为流传着“民国二十三年八月十五中秋节，红军在送驾岭打了个大胜仗”的民谣。

就在阻击部队与敌激战的同时，红七军团大部队从连岭脚村成功翻越60里连岭。25日上午8时许，国民党第49师又派一个团追至连岭脚，敌机投弹数枚，有几枚落入国民党军阵中，自我毙伤十多人。20余名红军战士在轰炸中壮烈牺牲。翻过连岭后，红七军团一部分经安徽省歙县的石门，西进岔口、榆村，后又折转南下，经岭后、威风岭、狮子石、结竹营，又复转坑口北上经董家、杨家，翻越白际岭到达白际，另一部直插白际。两部在白际会合后，通过安徽休宁县境，于9月27日早饭时分再次进入淳安，到了木瓜。然后经大水坑、港坑，当日抵达开化县

浪川乡连岭村红军墓

左溪一带宿营。

此次战斗中，红军伤亡100余人，敌军死伤众多。现存送驾岭半山腰的凉亭上弹痕累累，山下建有红军墓，立有墓碑。

汾口镇石峰村红色故事

岩洞里的十多具忠骨

在汾口镇石峰村，至今仍流传着大量的红色故事，这些故事其实就是当地村民的父辈或祖辈的亲眼所见，甚至亲身经历，所以令人刻骨铭心。

1934年9月24日凌晨，送驾岭阻击战结束后，由于长时间混战，加上地形复杂，有一小部分红军战士迷了路，脱离了大部队，被困在距今富塘村塘坞里自然村5里路远的大山里，饥寒交迫，举步维艰。红军战士下山找到地主张春福商量，要求他资助红军，可是反动地主张春福却突然拿起手枪向红军战士射击后，往其房屋后面山上仓皇逃跑。红军战士怒火中烧，当即围捕，将其抓捕后处以极刑。张春福的大儿子张梅气急败坏地向原遂安县国民党县党部和浙西国民党独立师求救。国民党政府派出大量反动军队进山全力追捕红军战士，围捕中有两名十分年轻的红军战士受伤被俘，被反动派押解到张春福坟墓前残忍杀害。

而后，反动军队对富塘村大山里的红军战士进行了长达一年多的“围剿”。据当地村民回忆，有十几位红军战士被活活饿死、因伤病死，甚至冻死在山里。1949年前后，村民进山挖草药、采摘野果时，曾在大山的岩洞中发现了十多具遗骸，令人触目惊心。

1951年，在当地干部群众的检举揭发下，反动地主张春福的大儿子张梅、小儿子张海生被人民政府判处死刑。

中共淳安县委旧址

红潮曾经涌板桥

位于王阜乡闻家村板桥自然村的中共淳安县委旧址，已成为党员干部群众开展红色教育的“圣地”。

1934年9月，中共闽浙赣省委正式下文，决定成立中共浙西工作委员会，并任命中共皖南特委委员、中共歙南县委书记陈直斋为中共浙西工委特派员。省委决定，中共浙西工委由陈直斋、张元明（化名徐老七）、曹荣（惯称老曹）等5人组成。

当时，中共浙西工委没有固定的活动地点，主要活动范围是威坪地区的六、七、八都。陈直斋主要在安徽歙县三阳坑翰行里发展组织。后来，陈直斋率领一支十几人的游击队来到淳西的洞源、水碓山、合富、庄坞、闻家等地活动，一直发展到威坪，并亲自在离威坪10余公里的吴山庵发展了一批党员，建立了一个党支部。中共浙西工委还准备在古威坪汽车站建立秘密交通站，以便与上海临时中央局取得联系。

截至1935年4月，歙南、浙西地区已有2000多名党员、100多个党支部。为了适应革命形势发展的需要，方云志、方仲弓、潘先友在歙县瓦上徐林寿家，召开了淳安各区委负责人会议。参加会议的有方和元、胡良宜、罗观木等人。会议研究分析了当时的斗争形势和组织情况，并决定成立淳安县委，任命方云志为县委书记，方仲弓、潘先友为县委委员。县委设在淳安县板桥村石板庵（福化庵）内。中共淳安县委成立以后，党组织迅速发展至淳北的临岐、秋源、齐坑一带，规模达到8个区委、38个党支部，有党员300余人，500余人参加了红军地方游击队。其间，党组织及红军游击队组织了多次红色暴动，并开展轰轰烈烈的土地革命，同国民党反动政府进行坚决的斗争。

由于反动派的残酷镇压和叛徒出卖，从1935年11月至1936年10月，中共淳安县委所属的党组织和红军组织完全被破坏。据不完全统计，被枪杀的有5人，其中原中共浙西工委负责人张元明，被叛徒徐锡来率白军逮捕，1935年11月7日被杀害于威坪。被捕47人，其中共产党员31人，红军16人。淳安共产党人和红军战士的鲜血再次染红了新安江畔。

1986年，经杭州市政府批准，原严家乡为革命老区。2011年，该乡党委、政府根据老红军、老党员回忆，参考地方史料，按照当年县委会议实景，绘制了大型油画悬挂庵堂墙壁，再现当时会况。2012年，王阜乡政府又收集整理增加方云峰、方孝良等6位地方英烈事迹，以及金竹暴动、中共浙西工委、中共淳安县委的简介板块呈列上

方孝良烈士墓

中共淳安县委旧址纪念馆

墙，供人缅怀。

2018年，在县委、县政府的亲切关怀下，由县党史研究室牵头,开展中共淳安县委旧址综合保护工程建设。该项目总投资900余万元,包括县委旧址陈列室、浙江解放战争展览馆、会议室、接待中心等,现已全面完工,对外开放。

屏门乡金陵村

盛开血色茶花的红色之家

很多游人知道，在下八都屏门乡齐坑源大山深处的金陵村，有上千亩壮观的红茶花海。其实这里还是一块血染的红色土地。在美丽的自然景观背后，蕴藏着许多惊心动魄的红色传奇。

1934年年初，中共上海临时中央局领导的皖南地区党组织即在淳西的闻家、板桥、金竹岭脚(金陵)、水竹坪等地开展革命活动，发展党员200余名。

1935年3月，中共皖南特委委员、中共歙南县委书记陈直斋赴上海汇报工作，后一直未回。陈直斋临走时，将淳西的工作交给张元明(徐老七)、老王等人负责。于是，李寿山、李春海、老王、许济民、周光荣、老朱、张元明等十几名骨干分子，继续在淳安西部的六、七、八都一带开展工作。

截至1935年4月，歙南、浙西地区已有2000多名党员、100多个党支部。淳安西部更是红潮汹涌，成为红色革命的热点，党员队伍发展迅速。为了适应革命发展的需要，上级决定成立淳安县委，方云志任县委书记，方仲弓、潘

屏门乡金陵村

先友任县委委员。县委设在严家板桥村石板庵和屏门秋源境内的千亩田，隶属中共皖南特委。金陵、闻家、千亩田一带成了中共淳安县委的重要活动区域，金陵党支部由此成立。

党组织任命金陵村驮坪里的潘水木为红军农民团团长，在金陵、徐家、双坪一带发展和组织地方游击队。中共淳安县委许多重要会议都在金陵村和各秘密交通站举行，由此，金陵曾被誉为“红色之家”。农民团和游击队在与反动势力开展武装斗争的同时，也担负着保卫县委的任务。据当地老人回忆和老游击队员证实，在一次反击白军的战斗中，国民党军的一个军官就是在金陵的金竹岭脚被游击队击毙的。在与反动派的武装斗争和敌人的血腥镇压中，很多共产党员和红色战士血洒金陵，

红色的种子已在这里生根。

1948年9月12日，中国人民解放军皖浙支队300余位指战员，在支队长兼政委唐辉、副支队长程灿、中共淳分昌工委书记王成信的率领下，挺进淳安，14日进驻齐坑源金竹岭脚（即今屏门乡金陵村）。当日晚上11点钟，镇压了乡长。15日，打掉了临岐警察所，俘警士3名、副乡长1名，缴枪4支，救出了被警察羁押的穷苦农民何宗福，并接受他参加了游击队。金陵村由此成为红色武装开辟淳分昌新区的基点之一。

1988年，金陵村被杭州市民政局确定为“革命老区村”。

中国工农红军北上抗日先遣队茶山会议旧址群

战地曾经驻义师

“茶山会议”旧址位于现中洲镇厦山村茶山自然村方氏祠堂，建筑面积300多平方米，保存完好。此外，还包括红十军团卫生部及伤病员驻地，方志敏、粟裕指挥所旧址等。

1935年年初，为了摆脱敌人的围追堵截，由方志敏率领，已经进入淳安的中国工农红军北上抗日先遣队红十军团，采用调虎离山的战术，迷惑敌人。1月9日天没亮，红十军团就挥师北上，过稻草铺、童家山，翻越毛山岗，经茶山、半山、忲厦，部队从淳安与安徽歙县的忲厦洞门进入，经茗坑、滚滩、大溪口、结竹营，朝西翻过白际岭，经白际，再翻石壁山、项家山、望岭山，当晚在忲厦、茶山、半山宿营。

当天晚上8时，方志敏接到中革军委电令，根据先遣队的实际情况，要求由皖南行动改为向浙西南行动。方志敏得悉电令后，认为如何确定行军路线是先遣队的当务之急。于是，当即决定在茶山村召开红十军团军政委员会紧急会议，讨论研究中革军委电令以及行军路线。

茶山会议旧址

这就是党史和军史上有名的“茶山会议”。

会议在茶山村方氏祠堂“敦睦堂”内举行。参加会议的有方志敏、刘畴西、刘英、乐少华、粟裕、王如痴、曹仰山、胡天桃、谭志刚等军团领导。

会上，先遣队指挥员们就队伍整顿、给养解决以及是否分兵行动等问题，展开了热烈的讨论乃至争论，最后作出了“全体进入赣东北苏区暂行休整”的决定。

这支在淳安播下革命火种，留下无数感动的红色劲旅，是茶山人民的心中，一道永恒的丰碑。

方云峰烈士墓

长岭有幸埋铁骨

在威坪镇长岭村的山峦上，有一座烈士墓，长眠着一位铁骨铮铮的共产党人，他就是中共长岭区委书记方云峰。

方云峰，又名方银祥、方国华，今威坪镇长岭脚人。读过三年私塾，而后务农、做长工。1933年春茶季节，临岐警察分局警员无故将采茶妇女抓走，搜去钱财。方云峰闻讯，出于义愤，组织100多人，以猎枪、斧头、柴刀为武器，包围临岐警察分局，抓了局长，带到鲁村（今临岐镇吴峰村），被国民党自卫队追上，局长被劫走，方云峰被捕。1934年年初，方云峰组织同监难友越狱，60余名难友全部冲出牢房。方云峰出狱后，在故乡一带隐匿藏身。

1934年9月，红军北上抗日先遣队转战淳安，方云峰参加革命活动，开展减租减息和抗粮抗税活动。一天晚上，方云峰带领农民从横石进入屏门，攻打屏门警察所，打伤一名警察，其余的逃窜，缴获部分枪支弹药。国民党县政府下令捉拿方云峰，不久被捕。

1935年2月，方云峰再次从监狱逃出，由唐金贵介绍

方云峰烈士墓

加入了中国共产党。3月，方云峰、许济民等到西山村动员叶水清、叶全清和叶荀荀等10余人参加红军，并介绍他们加入共产党。接着，方云峰来到唐家、横川和大茂川等地发展党员，建立茂川支部；4月，又建立了横石支部。4月底，成立长岭区委，方云峰任区委书记。

1935年5月初，李寿山、许济民和方云峰等人在淳安流湘召开会议，决定在农历五月初五端午节组织举行武装暴动。在暴动筹备之初，被嗅觉灵敏的中统特务徐建犹得悉，当即去杭州向国民党第五公安局告发，一张黑色的大网随即张开。就在方云峰去杭州为筹集武器和经费，在海月桥接头时，被徐建犹跟踪密报，被捕后囚禁于浙江陆军监狱。方云峰受审时，"招供"徐建犹参加共产党并在党内担任政治工作的“事实”，使徐建犹有口难辩，随后被革职戴镣。面对残酷的严刑拷打和轮番的审问，方云峰大义凛然，宁死不屈，总是一句话：“要杀、要砍，随你便，要我说出谁是共产党，遍地都是。要问谁介绍我参加共产党，就是你！”

施尽招数的反动派从方云峰身上没有捞到丝毫油水，终于下了毒手。1936年农历三月初八，方云峰在淳安城西英勇就义，年仅34岁。

梓桐镇程家源村石门塘自然村

红色的种子在这里萌芽

梓桐源是具有革命传统的老区。早在新民主主义革命时期，中共下浙皖特委就在里桐石门塘建立了地下党组织——梓桐区委员会，也可以说，中共淳安县委前身就在梓桐石门塘。

1936年7月，中共浙皖特委委员徐谓滨在章坑发、陆万才、陆万祥等人的带领下，来到梓桐源的石门塘、公坑、姜家村等地活动。通过宣传教育和组织发动，石门塘、程家源、公坑、墩头、板桥、姜家等地都组织了农民团。石门塘全村的贫苦农民都参加了农民团，姜志发任团长，姜家村姜邦和任团长，程家源村程樟林任团长。与此同时，积极发展党的组织，吸收先进分子加入中国共产党。1936年8月23日晚，徐谓滨、陆万才、陆万祥等人在姜家村（今姜宅）姜志才家开会，正式成立梓桐区委。区委设在石门塘，下辖4个党支部。其活动范围包括公坑、姜家、板桥、花果庵、程家源等地。

从1936年7月29日至1937年2月26日的7个月时间里，由团长熊刚、政委刘毓标率领的红军皖浙赣独立团，曾3

流动的中共淳安县委纪念馆

次转战淳安，浴血拼杀。面对敌人的围追堵截，中共皖浙赣省委书记关英在毛汰里的一座庙里主持召开了独立团干部会议。会议决定，独立团兵分左、中、右三路行动。由第三连组成的左路红军共百余人，在团长熊刚的带领下，于1937年2月12日（农历正月初二）早晨从毛汰里出发，当天走大连岭，经天坪坑，到啸天龙时遇到下浙皖特委独立连近60人。

2月13日早晨，部队经小铜坑，到黄科坞村休整。当晚7时许，红军从黄科坞村出发，经马鞍岭、乳林，行至麻田村黄家岭时，遇到国民党陆军的阻击，红军伤亡3人，遂返回马鞍岭脚集中，后爬小铜坑岭，经叶杞、过雪岭去

安徽。

2月16日，红军转战抵达淳安鸠坑的严家、金塔村，走新安江南岸到南村、朱家村，翻山从大水坞里到达屏源村。2月17日天亮，从叶家村爬猪山岭，最后辗转进了东亭镇。2月18日早晨，将尾随之敌击退后，翻过横天岭。

经过几度惊险的转战后，2月20日凌晨时分，左路红军到达今界首乡松源的上安坪，而后抵坑口。国民党陆军一个连和遂安自卫队随后追至坑口村前山，双方交火。红军边战边撤，退往今梓桐镇墩头村，继而又退至板桥村的洋坑源，在花姑庵与尾随的敌军激战，毙敌两名。21日，爬塘坞岭到梓桐源的石门塘一带。在双溪口村枫林坞一带与尾随之敌激战一天，一名红军战士牺牲。22日，独立团第三连与下浙特委独立连分开行动。独立团第三连继续战斗，伤亡惨重，剩下的小部分红军由陆扬荷带路到鸡公尖一带活动，后去皖南。

中洲镇乘风源村“鹰刁兔”

为了信念何惧身首异处

说起中洲镇乘风源，耳边就会回响起苏轼的《水调歌头》：“我欲乘风归去，又恐琼楼玉宇……”

走进乘风源村，村口一棵棵参天古树，见证着乘风源的沧海桑田。而村外俗名“鹰刁兔”的山坡上，一座坟茔长存着一副忠骨，时间闪回到80年前的那场腥风血雨。

这位为了革命抛头颅、洒热血的烈士名叫程灶林。

程灶林，1936年5月至1937年2月，担任中共龙头（休宁）县委仁宗坑区委书记。在任开化县仁宗坑区委（第三区委）团委书记时，率领武装工作队深入中洲金鸡岩一带，宣传党的纲领，发展进步组织，扩大红军队伍，开展革命活动。

程灶林像

1936年5月，开（化）婺（源）休（宁）特委将开化县中共仁宗坑区委（第三区委）扩建为龙头县委（即休宁县委），任命

严中良为县委书记，程灶林为仁宗坑区委（也称第一区委）书记。程灶林担任区委书记后，经常往返于开化、遂安之间进行革命活动。1937年2月19日，在严酷的白色恐怖下，程灶林不顾个人安危，冒着生命危险潜入乘风源村，在村民余广荣家组织当地红军开展秘密活动。由于叛徒出卖，反动武装实施突袭，程灶林不幸被捕。次日，受尽酷刑但毫不屈服的程灶林被杀害在乘风源余氏宗祠门口。为了震慑革命群众，恐吓当地百姓，反动派残忍地砍下他的头颅示众。

后来，当地村民不畏恐吓，冒险将这位革命战士的遗骸掩埋在乘风源村口的山坡（土名鹰刁兔）上。虽然日月轮回，草木枯荣，多少往事成烟，但这处无名墓背后的惨烈故事却一直埋藏在村民心中。

如今，墓冢已被修整一新，成了党员干部和群众凭吊、励志的红色课堂。程灶林墓碑上的赤红色碑文，如烈士那一腔热血，与绿色美景遥相呼应，激励着人们承遗志、向前进。

三坦村

解放淳安第一村

随着毛泽东主席、朱德总司令“向全国进军”的一声号令，1949年4月21日，中国人民解放军百万雄师猛扑长江南岸，国民党所谓“固若金汤”的长江防线顿时土崩瓦解。国民党军兵败如山倒，争相向南溃逃。人民解放军则奋勇追穷寇，战旗横扫江南半壁。

中国人民解放军第二野战军第十二军由于追敌太急，中途还漏了一股敌人。这就是国民党陆军第192师及其收容的第88军和安徽省保安团残部。1949年5月1日，该股敌军乱蚁般地改向东窜。其中较早进入浙江淳安县境的一部，由叶家村逃往茶碣村，准备翻河岭往淳安临岐方向逃窜。

中国人民解放军第十二军第三十五师第一〇三团和第三十六师，从安徽省歙县分别翻越淳歙两县交界的合源岭和猪背岭，进入三坦村的西源、山脚，经中涓朝老威坪镇进发。解放军第三十五师第一〇三团主力经三坦村后，马不停蹄，直奔威坪。由此，三坦村成了“解放淳安第一村”。

三坦村淳安解放第一村纪念碑

5月2日凌晨，一〇三团一营抵达叶家村，率先追上逃敌，淳安解放史上著名的“茶合之战”由此爆发。

5月3日清晨，天刚蒙蒙亮，解放军部队(即二野第十二军第三十六师)的大队人马，就从安徽省歙县翻过浙皖交界的海源岭来到西源村。也就在当日，从叶家源出来的两股国民党军，分别翻越松茂岭、屋梯岭、河岭到达唐村、长岭，从豪岭过来的国民党军则从碣村往里逃窜。5月4日，国民党军散布在何包山、长岭上、杨柳塘一线，其陆军第192师第574团和第575团团部就设在炉山、何包湾村。

5月5日，解放军第十二军第三十六师先头部队一〇六团在副团长宋崇魁的率领下，顶着漫天大雾追至杨柳塘附近，将敌人包围在该村附近的山谷里。此时，淳西武工队在长岭、合富与第三十六师另一部会合，并配合该部运用迂回分割战术，切断了敌军第574团和第575团之间的联系。这一天，解放军与国民党军进行了一场激战，在炉山歼灭国民党军第192师第574团，俘敌1000余人，毙敌300余人。5月6日，国民党军第575团也向人民解放军投降。这就是史称的“王阜之战”。

茶合村革命烈士纪念碑

壮烈献身在黎明时分

1949年5月2日凌晨，中国人民解放军第十二军第三十五师一〇三团一营翻越浙皖交界的珠宝岭，经中涓、庄家，抵达叶家村，率先追上逃敌。当解放军获悉部分国民党军已逃往茶碣村时，立即转向茶碣，紧紧咬住，并迅速占领该村外洞口亭后，向敌发起攻击。惊魂未定的国民党军残部听到突如其来的枪声后，顿时乱作一团，清醒后便立即展开顽抗。一部分从辽坞口折回茶碣村，抢先占据村后面的宋家垅、驮家山和村旁隔溪的和尚凸等制高点负隅顽抗。发现解放军人数并不多时，敌军还组织力量展开反攻，皆被解放军击退。欲逃不能的国民党军残部凭借有利地形，在驮家山、和尚凸上居高临下，用机枪交叉向解放军扫射。解放军指战员冒着枪林弹雨，向宋家垅正面敌军占据的制高点发起冲击。当冲锋至离敌军据点50米处时，敌军扔下了集束手榴弹，班长赵金昭、杨德祥等13名战士壮烈牺牲。

面对顽敌，第一营吴营长迅速调整战斗部署：第二、第三连正面佯攻作掩护，第一连从侧后接近敌人。一时

茶合村革命烈士纪念碑和烈士墓

间枪声大作，杀声震天，第一连沿着洞口至洞源村的溪磅急进，至水枧湾村攀上高地，嵌进敌群。全连轻重武器

一齐开火，打得敌军措手不及，纷纷举枪投降。吴营长让司号员吹起冲锋号，亲自率领指战员向敌军阵地发起冲击。据守在和尚凸等制高点上的国民党军见势不妙，纷纷溃逃。该营乘胜追击，翻过河岭。

战斗结束后，13名解放军烈士的遗体被临时安葬在喜鹊坟边。1952年1月，茶碣村农会在馒头山上建造了革命烈士墓，将烈士遗骸迁葬于此，并将1935年惨遭敌人杀害的红军干部徐樟顺的遗骨一并迁入。

如今，一座高大的革命烈士纪念碑屹立在威坪镇茶合村的山峦上，昭示着先烈们的英勇事迹，铭记着英雄们的功勋。

瑶山乡双共、天坪村

山峦叠嶂卷起千重浪

瑶山山里，俗称九都山里，即今之天坪、双共村。与千亩田接壤，相距仅一垄之隔，总面积约15平方公里，海拔700～1000米，全村121户、525人散居在66个大小山寨与深山僻坞的山蓬里。

这里地处偏僻、山高林密，山间小道蜿蜒崎岖，宛若天然屏障，地势对革命游击战争非常有利。1934年4月，中共浙西工委在歙南瓦上村徐林寿家召开淳安各区委负责人会议，决定成立中共淳安县委，由方云志任书记，方仲弓、潘先友任县委委员。山里的老庵基、小桐坑、五亩山、倒林坞等自然村与大源、板桥毗邻，地下党同志常往来于此。方云志、潘先友先后介绍当地进步人士方荣火、王长木、王炳清、严樟树、方赤茂、章为春等人入党，并成立了由方荣火任书记的山里支部，隶属闻家区委。革命的火焰迅速向周边山村蔓延，党的地下组织和红军游击队伍不断壮大。而后成立了农民团，其中包括由方荣火任团长的五亩山农民团，以潘金木为团长的老庵基、西坪塘农民团和由方三阿任团长的九岭脚农民团。

方仲弓墓

1935年到1936年间，有一支数十人的红军游击队来到双共、天坪千亩田地区活动，主要是劫富济贫、打土豪劣绅、宣传组织群众、开展游击活动。农民团在地下党和红军游击队的领导下，保护红军，解决给养，传递情报，向导带路，积极投身红色革命。其中两次安排人员为红军带路去昌化，冒险抄小路顺利通过敌人封锁线，促成红军游击队与皖南主力的会合。在敌人的残酷“围剿”中，地下党员潘崇煌利用自己独居高山孤棚的有利条件，将宋国良、胡嫩嫩两位红军伤员救护在家中，侍奉疗伤20多天，待其康复后，又冒着生命危险，护送他们通过数道敌人封锁线，回到浙赣苏区。

1987年，天坪、双共村被杭州市民政局确定为革命老区村。当地干部群众特地建起“老区纪念亭”，并用对联铭志：老区山乡千古秀，革命精神万代传！

徐樟顺故居（徐樟顺烈士墓）

金竹暴动上演满门忠烈

20世纪30年代，在威坪镇茶合村，有一位红色虎将上演了满门忠烈的悲壮。

1935年夏，淳安西部山区久旱无雨，夏粮歉收，土豪劣绅却乘机囤粮高价出售，再加上国民党反动派的苛捐杂税，逼得农民无法生活。这时，家住威坪茶碣（今茶合）、时任中共洞源区委书记的徐樟顺找到上级领导，要求发动农民打土豪，开仓放粮，帮助穷苦农民度过灾荒。上级同意，在歙南与淳西交界的中心地带金竹举行革命暴动。

8月10日凌晨3时，几位领导人带领五六十名暴动队员包围了朱村保长方鼎铭的家，缴获壮丁队员的鸟铳6支，并发动群众制作了500张符号和两面大红旗，揭开了金竹暴动的序幕。8月11日，有“虎将”之称的徐樟顺及方志雪等率领280多名暴动队员赶到朱村。两支队伍会师后，组织了敢死队，并成立了暴动宣传队，四处宣传暴动纲领。8月14日，暴动队员佩符号，吹军号，红旗引领直捣金竹村，活捉了大土豪，烧毁了土豪劣绅的祠堂会账册，

徐樟顺故居

缴获稻谷300多担，尽数救济广大贫苦农民。

暴动队的节节胜利威震四乡。为了扑灭革命火焰，国民党县政府立即从建德、寿昌调来两个保安中队和300多名地方壮丁队员，分3路围攻暴动队。8月25日，暴动队用简陋原始的武器与敌鏖战一天，迫使敌人退到了河村。在遭到重大伤亡后，暴动队决定分散隐蔽行动。

9月11日，徐樟顺、徐三顺和徐东顺三兄弟回家隐蔽，被本村叛徒徐锡来告密。当晚，淳安县保安大队包围了徐樟顺的家。徐氏三兄弟被困在楼上，徐母为掩护儿子突围，冲下楼梯阻挡保安队，而被残忍杀害。徐樟顺突围时，不幸中弹牺牲。徐三顺、徐东顺兄弟俩突围后又被捕。

新中国成立后，淳安县人民政府将徐樟顺烈士的遗骨移葬于威坪茶合村烈士陵园，供后人瞻仰。

徐樟顺故居因年久失修已倒塌，2018年由茶合村、淳安县委党史研究室及杭州市委党史研究室共同出资修复,并进行布展,供大家缅怀、励志。

章泽民烈士墓

黎明前牺牲的红色战士

在屏门乡隐将村村口，有一座醒目的坟茔，里面安息着一位牺牲在黎明前的红色战士。

1948年8月，中共皖浙工委在安徽歙县金竹召开扩大会议，研究开辟淳（安）分（水）昌（化）根据地等问题。会上，决定成立中国人民解放军皖浙支队。

红色浪潮很快波及地处浙皖边区的隐将村。在白色恐怖依然严重的形势下，村民章泽民立场坚定，积极要求参加革命。在是年8月13日晚上的一次会议上，章泽民在党旗下举起拳头，确立了自己的信仰。而后，被上级任命为隐将村农会会长。

是年9月12日，皖浙支队300余人正式进入淳安。派朱青等人先期进入秋源（今屏门乡属）隐将一带筹备粮草。14日，皖浙支队到达齐坑源的金竹岭脚，当晚镇压了屏源乡（今屏门乡）乡长，次日打掉临岐警察派出所。章泽民凭着熟悉的环境和满腔的激情，积极配合部队行动，冒着生命危险，出色地完成了任务。

皖浙支队回师皖南后，便陆续派出以芮胜为首的武

章泽民烈士墓

工队进入淳西王阜一带活动；以吴绍海为首的武工队进入瑶山一带活动；以朱青为首的武工队进入屏源一带活动。其间，在武工队与反动武装展开的深垅坞、深塔两场战斗中，章泽民积极参战，表现勇敢。

当闻知中共皖浙支队已经撤回皖南的消息后，浙江省第四专区专员兼保安司令陈重，立即携淳安县县长韦淡明率部赶赴西北边区，纠集力量力图展开全面清剿。由于叛徒出卖，1948年农历十二月二十七日那个寒冷的夜晚，章泽民不幸被捕，被押送至临岐区公所。在所谓审讯中，敌人威逼利诱、酷刑拷打无所不用，要他说出武工队的下落实情并诱捕其负责人，章泽民坚贞不屈，视死

如归。敌人恼羞成怒又无计可施，次日便将章泽民杀害于临岐青水畈，时年29岁。

其间，先后被害的还有旱南工委大源乡催粮委员吴文柏、武工队情报员王柏根、朱青武工队队员韩忠义、吴绍海武工队队员鲍金富，以及张达武工队队员邵林宝、方高印等多人。

闻悉章泽民被害的消息后，隐蔽活动的武工队员们义愤填膺，怒火万丈。一周后的1949年正月初五，全体队员把章泽民的遗体运回他的家乡隐将村，安葬于眠狮塘。

1955年，当地党组织和人民政府专门为烈士墓立碑，正文主题为4个大字：牺牲光荣！

邵家坪之战遗址

新中国成立前夜的边区围猎

新中国成立前夕，在王阜乡新合村邵家坪曾经上演了一场瓮中捉鳖的精彩大戏。

1949年1月26日，中国人民解放军皖浙支队淳安籍战士鲍金富回到家乡王阜严家征集军粮，正待启运，被驻扎在王阜李家村的国民党县自卫中队获悉，队长虞兆鑫立即派出中队前往严家抓捕。

自卫中队包围村子后，挨家挨户进行搜查，并扬言“不抓到人就放火烧村”。鲍金富为了保护群众的生命财产不受损失，便挺身而出。国民党军把他吊在村头的大樟树上拷打，威逼他招供皖南游击队的情况，他坚不吐言。之后，又把他带到中队部施以酷刑，鲍金富宁死不屈，最后被残忍杀害。

鲍金富英勇牺牲的消息很快传到皖南根据地。当时，人民解放军金萧支队和皖浙支队正在歙县上磻溪胜利会师，沉浸在会师兴奋之中的战士们听到消息后，义愤填膺，强烈要求为战友报仇。皖浙支队领导决定，利用护送金萧支队返回浙东之机，派出主力，消灭国民党驻王

邵家坪之战遗址

阜的军队，拔掉这颗埋在皖浙通道上的钉子。

2月3日，皖浙支队派出小分队前往王阜村侦察。据守在此的县保警中队发现侦察小队踪迹后，以为是小股游击队突袭，便将中队主力进驻邵家坪，伺机对游击队进行“清剿”。皖浙支队侦知虞兆鑫中队驻扎在邵家坪后，当夜，程灿副司令、张凡政委带领皖浙支队和金萧支队600余人越过皖浙边界进入淳安西部严家，立即作出作战部署：派遣一个中队往王阜方向穿插过去，阻击自卫队援兵；一个中队到后山埋伏，防止自卫队逃跑；用4个中队的优势兵力包围邵家坪。4日凌晨，皖浙支队和金萧支队向村内自卫中队发起猛烈进攻，自卫队被迫龟缩在靠山的两栋民房内负隅顽抗。战士们高声向自卫队喊话，敦促自卫队缴械投降。同时，派遣一名俘虏给虞兆鑫送劝降书，但虞兆鑫仍拒不投降。指挥员当即决定，对占据两幢民房的自卫队分别采取强攻和火攻的战术。皖浙支队向包围的一幢民房实施强攻，二排长陈德洪带领几个战士，登上附近民房楼顶，向自卫队占据的房屋顶投掷手榴弹，并用机枪掩护几名战士用大木头强行撞开大门展开攻击。自卫队士兵死的死，伤的伤，其余的乖乖当了俘虏。对自卫队占据的另一幢民房，金萧支队采取了火攻。战士们在机枪的掩护下冲到墙根，把点燃的火把往里扔，引发房里的柴草燃烧起来。又将煤油倒在棉絮上，点燃后用长竹竿往二楼的窗口强塞进去。一时间，楼上楼下，火势熊熊。自卫队士兵无奈从窗口、墙洞向外逃窜，结果，一个个被抓获。虞兆鑫穿着从老百姓身上剥下的衣衫，混在俘虏群中，被群众指认后企图逃跑，金萧支队战士当场将其击毙。这一战，打死自卫队中队长一名，分队长2名，士兵13名，俘虏45名，缴获机枪3挺，步枪40余支。

邵家坪之战，是解放战争时期发生在淳安县境内一次较大规模的战斗，它沉重打击了国民党地方顽固势力，迫使国民党地方当局撤走在游击区的驻军，并裁撤了部分警察所，这为游击根据地的巩固和发展创造了有利条件。同时，扫除了皖浙通道上的障碍，策应了解放大军向淳安方向挺进。

金竹坑口革命烈士墓

英雄血染战地红

1949年5月初发生的“王阜之战”中，国民党陆军第192师所属的第574团和第575团，在人民解放军的奋勇追击下几近覆灭。其师部率领剩下的第576团和其他残部向淳安临岐方向逃窜，但被解放军第二野战军第十二军第三十六师死死咬住，脱身不得。解放军第三十六师第一〇六团第二营更是像一把尖刀，沿着羊肠小路，马不停蹄直插敌群。

当时，从杨柳塘到王阜村只有一条路，而且必须跨越云溪，经过金竹坑口长约50余米的石桥。为滞缓解放军追击，避免其师部被歼，国民党军安排亡命队死守在金竹坑口桥的东岸，利用一块突兀的大岩石做掩体，配备了足够的弹药，仅机枪就有3挺，把枪口对准桥面。第二营组织突击队多次从桥面进攻，均遭到敌军密集火力的阻击，难以奏效。追击部队经过对现场地形的侦察和分析，决定“明修栈道，暗度陈仓”，采取明攻桥上，暗渡桥下的方法，安排一组兵力从桥上佯攻，吸引敌军火力。安排另一组战士从桥下偷渡云溪，从侧面偷袭敌人，主

金竹坑口革命烈士墓

要任务是拔除东岸以岩石为掩体的密集火力点。当时正值梅雨季节，连降大暴雨，溪水暴涨，敌军认为雨大水急浪高，人马根本无法渡过，只要守住桥面就万无一失。

5月5日凌晨，暴雨如注，按计划我军摸黑向桥东守敌发起了新一轮进攻。排长氏尚童奉命带领一个班战士，冒着弹雨从桥面上向守敌发起了一次次正面进攻，吸引敌人火力；而另一组指战员趁着黎明前的黑暗，从桥下冒着被滔滔洪水卷走的危险偷渡云溪。由于有氏尚童排长带队从桥面上用生命作掩护，吸引了敌军的注意力和全部火力，从桥下偷袭的官兵得以顺利到达桥东，出其不意地出现在敌军后方，并迅速消灭了盘踞在岩石后的顽匪，拔掉了钉子，为大部队挺进扫除了障碍。在这次惨

烈的战斗中，氏尚童排长等8名解放军战士壮烈牺牲。

氏尚童等烈士牺牲后，遗体先安葬在前进村。1956年，王阜乡人民政府决定在金竹坑口桥西岸修建烈士墓，把烈士遗骸移葬至此。人们在整理烈士遗骸时，在氏排长墓中发现了3枚弹头。当时战斗之惨烈由此可见一斑。

位于今王阜乡新畈村的金竹坑口革命烈士墓已被列入县级爱国主义教育示范基地。

中共淳分昌工委旧址

云溪潺潺孕育红色政权

在瑶山乡何家村，有一座砖瓦结构的老式建筑被完整地保存着，并成为红色教育基地。70多年前，中共淳分昌工委在这里诞生，并升腾起红色烈焰。

1947年，中共华东局和中共上海局都指示皖南地委和浙东临工委，要设法在淳(安)分(水)昌(化)地区建立游击根据地，以便将苏、浙、皖、赣4块根据地连成一片，以加强各根据地的合作，推动革命形势的发展，为全中国的解放做好战略策应。1948年春，华东局和浙东临工委曾一再指示，"要集中力量搞淳安，开辟淳分昌根据地"。

1948年8月，中共皖浙工委在歙县金竹召开扩大会议，研究如何巩固旱南、加强水南、开辟淳分昌根据地等问题。会后，抽调皖浙工委候补委员、中共旱南工委书记王成信到淳分昌地区工作。

9月初，正式成立中共淳分昌工委(地委级)，王成信任书记。10月初，王成信率吴顺泰到达瑶山，决定将工委机关设在何家村，并明确吴顺泰常驻守瑶山，负责淳

淳分昌工委旧址

分昌工委机关的上下联络(员)工作,并参加淳东区工委,协助吴绍海工作。淳分昌工委成立后,统一领导各区工委及各武工队的武装斗争和其他各项工作。在淳安境内,迅速建立了大小五都、六七都、淳东、淳西、淳北等5个区工委,并建立3个党支部和部分独立的党小组,吸收新党员140余人。

1949年2月,王成信代表皖浙工委,在何家村宣布成立淳分昌办事处(相当县级政府机关),王成信兼任主任,并着手筹建区、乡、村人民政权。先后建立淳西、淳北、淳东3个区级政权,由张达、朱青、吴绍海分别担任各区的区长。同时,建立天门、唐村等10个乡级政权。原瑶山乡(云溪)由于是地区和区两级工委领导机关所在地,因此,早在1948年11月，就建立了淳安第一个红色乡级政权，至同年12月16日改为民主乡建制，由当地地下党员方法源、何兴和分别担任正副乡长，方法良任指导员。乡以下建立村级政权和农会、民兵等组织。

至新中国成立前夕，淳分昌办事处所辖游击根据地已包括淳北的全部和淳东、淳西大部的12个乡，以及分水县的八、九、十都，昌化的五、八、十都等地，面积约1500平方公里，辖10余万人口。

茶山红色古道

白际山脉上的彩色飘带

茶山古道又称浙皖白际古道，位于中洲镇毗邻的白际山脉之上，一脚踩两省（浙江和安徽）、三县（浙江的淳安县和安徽的休宁县、歙县），是古时浙商、徽商商贸往来之重要通道。古道绵延百里，清一色的石板路，沿途风景如画，人文底蕴深厚，虽历经数百年，从中洲镇至安徽白际乡这一段至今仍然保存完好。

1935年1月8日，担负着北上抗日先遣队重任的中国工农红军第十军团，顶着寒风冷雨在皖南、皖浙、皖赣边境地区辗转跋涉了20多天之后，从开化县境的大麦坞等地进入遂安县的樟村地区。当天晚上，红十军团在樟村、扎源、黄林关等村宿营，司令部设在樟村。红十军团军政委员会主席方志敏随军行动。翌日凌晨，部队从樟村出发，翻过毛山岗，经茶山、半山、厷厦，马不停蹄地进入安徽省歙县。在行军中，红军发现歙县石门方向有敌人狙击，故退回，于当天下午4点多钟又回到茶山、半山、厷厦。

1月9日凌晨，红十军团就挥师北上，过稻草铺、童家山，翻越毛山岗，经茶山、半山、厷厦，部队从淳安与安徽歙县的汰厦洞门进去，经茗坑、滚滩、大溪口、结竹营，朝西翻过白际岭，经白际，再翻石壁山、项家山、望岭山，当晚在汰厦、茶山、半山宿营。

当天晚上8时举行的“茶山会议”，作出了“全体进入赣东北苏区暂行休整”的决定。

1月10日，天还未亮，红十军团就挥师南下，朝原路进发，从汰厦、茶山出发，翻过毛山岗，经童家山、稻草铺、樟村、扎坑、黄林关、东坑口、枫林坞、青岭脚，翻过青岭进入开化大龙山地区，计划从此处打开通道，朝闽浙赣大苏区前进。是日中午时分，前进中的红军与以逸待劳的敌第21旅第40团狭路相逢。遭遇战从中午打响直到傍晚才结束，共消灭敌人有生力量30余人，缴获机枪一挺。

战后，红十军团参加大龙山战斗的部队撤至青岭脚靠开化一侧。此时，军团首长决定改道前进。当晚，一部分从青岭顶走崎岖小路朝农东里前进；另一部分从青岭脚开化一侧爬山，朝芭百蕉前进。两路人马在芭百蕉会合后，经乘风源，从溪滩翻过清风岭进入淳安的汾口交界村，再进入开化马金的界首村。当时，形势十分严峻，因西边齐溪田、东边中洲、北边白际几个方向都有敌人。1月10日这天，部队昼夜行军，先头部队于1月10日晚上8时再次经过乘风源。

当天，红十军团全部离开淳安境地，顺利到达开化的中村。

　　这支革命义师在茶山古道留下的足迹，成了淳安百姓心中永远的记忆。

孤魂碑

信念已随雄鹰飞

1934年下半年至1935年年初，中国工农红军北上抗日先遣队、中共皖浙赣省委独立团曾数次转战遂安(今属淳安)。在国民党军队的反复“围剿”中，有许多英勇的红军战士牺牲在淳安这片红色的土地上。位于中洲镇厦山村的孤魂碑下，就长眠着77位红军时期在泰厦关隘与国民党作战阵亡的红军战士。

据当地的“红色讲解员”介绍，“当年，北上抗日先遣队与国民党‘围剿’部队在这附近激战，最终由于寡不敌众，死伤惨重。其中有位在战斗中受伤昏迷的红军被村民收留在村中，等他醒来的时候，发现战友遗体散落在荒山野岭，为了让自己的战友们能得以安息，他不顾自己重伤未愈，在当地好心人的帮助下，筹集了很多木头，做成简单的棺木，为战友们收尸”。

“每收一次，他就痛哭流涕喊着对方的名字。就这样，他和当地好心的村民冒着生命危险，收了77具战死士兵的遗体，将他们埋于此地。为不让国民党破坏此墓，碑下方还专门刻了‘葬七十七名阵亡军士和伤民’，以迷惑国

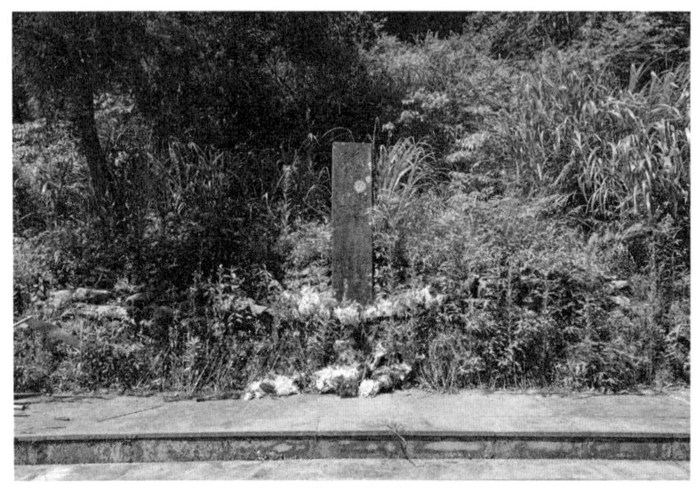
中洲镇茶山村姜塘孤魂碑

民党当局，才得以保全。”

当地群众于1935年至1938年先后将红军战士的尸骨收集合穴埋葬，俗称“红兵坟”，立碑名为“孤魂碑”。

“孤魂碑”，仅3个字，足以见证立碑之人，当时该是多么悲愤与无奈。在战争年代，又有多少这样的先烈，他们为了革命事业抛头颅洒热血，牺牲在陌生的土地上，甚至没有留下姓名。受战争形势影响，这位受伤的红军战士后来没有离开，一直在这里照看着。在他逝世之后，还委托村里的一位汪姓老人，让他守护“孤魂碑”。

现在，这个“红军坟”和曾经召开过“茶山会议”的茶山村等红色标志一起，成为淳安县倍加珍惜的革命遗迹。

梓桐镇剿匪战斗遗址

战旗指处荡尽残渣余孽

梓桐镇尹山村，地貌峰回路转，山路百转千回。新中国成立初期，这里曾被土匪盘踞，由此成为中国人民解放军剿匪的战场。

1949年6月中旬和7月初，解放军作战部队奉命撤离淳安（遂安）后，一股股受震慑而蛰伏的顽匪，立即张牙舞爪地向新生的人民政权发起猖狂反扑。而梓桐、瑶山一带，地处浙皖边境，山高林密，土匪活动更是十分猖獗。淳安的桥西、威坪、港口和遂安的第一、第二、第三区人民政府，都先后遭到土匪的血洗。

由于国民党军统局委员王兆槐以及所谓“忠义救国军奋勇队指挥”鲍步超等都是遂安人，因此新中国成立初期，遂安的匪特活动特别猖獗。土匪主要有4股，即活动在汾口、浪川、横沿一带的所谓“中国人民反共救国第二纵队第二支队”，支队长鲍从济、支队副汪思义，后期指挥有余顶龙，共有匪众600余人，机枪2挺，步枪300余支，冲锋枪1支，短枪12支；活动在郭村一带的有淳安徐震东的“国防部青年救国团皖浙边区游击纵队淳遂边区

独立大队”，大队长洪志忠，有匪众60余人，步枪20余支，短枪6支；活动在东亭一带的有淳安汪维新的“国防部青年救国团皖浙边区挺进总队遂安独立大队”，大队长童天熺，步枪30余支，冲锋枪、卡宾枪各1支，短枪4支；活动在遂安县城狮城镇的有以伪营长胡其炳为首的 “东南人民反共救国军”。此外，还有开化县蹿入的所谓“全国人民反共救国军”匪众200余人，机枪1挺，步枪80余支，冲锋枪6支，卡宾枪15支，短枪24支。

其中，以汪维新等为首的“国防部青年救国团浙赣皖边区挺进总队指挥部”有260余人，盘踞在梓桐镇尹山庵，在里桐、外桐等地，大肆收罗散兵游勇，组织土匪队伍，妄图与新生的人民政权负隅顽抗。1949年8月，解放军第二十五军第七十二师三〇七团一部进驻梓桐镇、鸠坑乡，在当地政府和农民自卫队的配合下，全歼了汪匪残部，匪首汪维新被俘获。

至年底，淳安县共剿灭土匪5个司令部，31个支队、70个大队。毙伤、俘虏、瓦解大小匪首262人；遂安县剿匪6股，毙伤44人、俘虏232人。两县在剿匪斗争中共缴获各种枪支1470支(挺)，子弹18430发，土炮28门，电台2部，电话机15台。罪大恶极的匪首汪维新、徐建中、余顶龙等78人被判处死刑，执行枪决。

浪川乡芹川村王氏宗祠

红色武装曾在此点亮赤光

随着游击斗争范围的扩大和形势发展的需要，为了更好地开展浙皖边区的斗争，1936年4月，根据中共闽浙赣省委的指示，正式成立了中共淳遂歙中心县委，何英为中心县委书记，刘中林、苏宏发为副书记，谢良才、黄立义、周步庭、朱用地、徐渭宾等为委员。活动中心也由歙县的茗坑转移到遂安的马鞍岭脚。也就在这个月，中共闽浙赣省委更名为中共皖浙赣省委。淳遂歙中心县委下属的区委也迅速上升为中心区委。

1936年5月至6月，根据省委指示，中共淳遂歙中心县委改为中共下浙皖特委，省委任命何英为特委书记，特委机关又从马鞍岭脚转移到狮古山。从此，狮古山的沈来金家就成了中共下浙皖特委领导机关所在地和开展游击斗争的中心。今淳安界首乡燕川一带的燕坑老林庵的叶一新（和尚）担任特委联络员。特委游击队司令员由谢良才担任，游击大队长黄立义，政委黄云升。

1936年6月，下浙皖特委在浪川成立后，明确规定淳安、遂安、歙县地区所属的党组织归下浙皖特委领导。从

此，淳安地区及歙县的党组织以狮古山为中心，开展游击斗争，发展党的组织。浪川乡芹川村王氏宗祠是下浙皖特委的主要活动点之一。下浙皖特委所属的游击队经常在王氏宗祠光裕堂召开会议，发动群众，乃至驻扎宿营。

王氏宗祠光裕堂坐东朝西，由前堂、正堂和后堂组成，总面积约488平方米，内有两个天井。光裕堂始建于明代，历经数次维修。2002年，王氏族人自发集资进行了重修，现保存完好。芹川村北有一条古道，道旁有一座凉亭，是游击队经常路过和休息的地方，凉亭内壁现尚存游击队书写的标语，其中“发动游击战争……”等字迹尚依稀可辨。每个字大约直径30厘米，红色，署名为“狮古山游击队”。

中共鸠坑区委纪念碑

山沟里燃起红色的篝火

鸠坑乡金塔村矗立着一座纪念碑，凝固着一段红色历史。

1936年3月，中共茗坑中心区委成立后，为了培养教育各地新参加革命的同志，中心区委在今淳安县浪川乡境内的狮古山举办游击教导总队干部训练班，历时一个月。结业时，每人发给一枚证章和一本小册子，然后分赴原处开展革命工作。

浪川红色文化馆

狮古山干部训练班，为革命训练了一批骨干，扩大了党的队伍。其间，中心区委派出苏宏发、周步庭、徐渭宾、张午男等人分头活动，分片包干，发展力量，扩大影响。不久，他们建立了4个区委。活动在樟村、扎源、枫林坞、茶山、半山、泰厦、洄溪等地的周步庭，以青半山为中心组建了中共青半山区委，周步庭任区委书记，方茂盛为副书记，黄益龙为区长；活动在石门塘、夫坂、双溪口、白峰坪。梓桐程家、公坑、塘坪山和安徽歙县的源头一带的徐渭宾，以南源为中心组建了中共南源区委，徐渭宾任书记；活动在沈坂、叶杞、朱石、潘家、樟村、横溪源、郭村一带的张午男，以郭村为中心，组建了中共郭村区委，由张午男任区委书记；活动在木旺、炉形，龙泉双溪口、上下玉泉、孙家坞、龙门桥一带的苏宏发，以木旺为中心，组建了中共木旺区委，苏宏发为区委书记。

随着游击斗争范围的扩大和形势发展的需要，为了更好地开展浙皖边区的斗争，根据中共闽浙赣省委的指示，1936年4月，正式成立了中共淳遂歙中心县委，何英为中心县委书记，刘中林、苏宏发为副书记，谢良才、黄立义、周步庭、朱用地、徐渭宾等为委员。

1936年10月，在鸠坑源姜家村（后改金塔村）对珠坐的石塔底一个可容纳20多人的山洞里，徐渭宾主持召开会议，秘密成立了中共鸠坑区委。当时，确定雷汪宜为区委书记，张森（又名张长新）为副书记，张德有、张金田为委员，区委机关设在姜家村（即现金塔村）管德有的住房内，共有党员19名。与此同时，成立了潘店党支部(又称第一党支部)，方清宜任书记；姜家村（即金塔村）党支部(又称第二党支部)，徐洞英任书记；曹家党支部(又称第三党支部)，管贵乘任书记。

为纪念这段历史，供后人了解学习革命前辈的精神，2015年，由鸠坑乡及淳安县委党史研究室共同出资，修建了中共鸠坑区委纪念碑。

富文乡聚壁村

金萧支队江西武工队在此成立

新中国成立前夕，金萧地区处于浙赣铁路金华至萧山段两侧，战略地位相当重要。当时浙赣铁路以东，称为“路东”；浙赣铁路以西，称为“路西”。富春江以东，称为“江东”；富春江以西，称为“江西”。

1948年9月5日，中共浙东临委为了加强路西地区的领导力量，特派张凡、李铁锋等十几位干部进入路西工作。张凡等来到路西后，中共路西工委即改为中共金萧工委，张凡任书记。9月13日，中共金萧工委召开会议，宣布成立中国人民解放军金萧游击支队，蒋明达任支队长，张凡任政委。当年年底，浙东临委命令金萧支队穿过浙西山区，打通与皖南游击队的联系。

1949年1月16日，张凡政委率金萧支队特遣中队100人，突出外线，进行千里远征。部队穿越杭淳公路，沿桐(庐)、建(德)边界进军，翻桐岭，于20日到达淳安清平源章坑、聚壁村，在此，张凡政委宣布建立由11人组成的江西武工队，由陈风江任武工队指导员。当晚，张凡率主力翻山向淳安十五都进发。武工队则原路返回，晚上在桐岭山腰(今富文乡属)宿营。从此以桐岭为中心展开工作。

桐岭的西北麓是淳安清平源的重坑、吴山、六联、廷章、漠川等村;西南可出茶园镇。该岭山势险峻,地形复杂,森林密布。岭顶和山腰有不少茅棚草舍,居住着从外地迁来开山烧炭的山民。他们缺衣少穿,勉强以玉米、番薯、野菜充饥,生活非常贫困。

武工队在桐岭开展活动不久,就经历了一次严峻的考验。春节前一天傍晚,武工队正在建德方山村一户山民的草棚里休整,国民党浙保突击大队王之辉部几百人,突然向武工队包围上来,幸亏哨兵及时发觉,武工队迅即突围,安然撤上桐岭。

武工队在当地开展筹粮、筹款、筹物活动,粮食除自给外,都救济了贫苦群众,金银款项则上交支队部。还在清平源头石牛栏办起了小型被服厂,以供军需。同时灵活机动地破坏敌人的军事和交通设施,扩大政治影响,逐步创立了一个可靠的游击活动区。

创建淳建区武装中队

黎明时分的风云际会

1949年4月3日晚，中共淳建区署在富文村前的溪滩上成立后，区署人员便积极开展武装斗争，扩大武装力量，打击封建势力，组织群众抗丁、抗税、抗粮，为解放大军南下筹集钱粮物资，同时进行民主建政，开展统战和宣传工作，建立秘密联络点，使淳建区的对敌斗争在短期内有了一定的发展。为了加强淳建区的领导，中共江西县工委决定成立中共淳建区委，并任命鲁行为特派员，陈展人为委员。

淳建区成立后，根据当时的斗争形势，首要任务是尽快把区武装中队建立起来。中共江西县工委任命邵克明兼任区武装中队队长，饶寿荣任区中队副队长，邵慰宗任区中队短枪组组长。区中队建立后，上级没有武器配备，只有依靠武装中队自行就地解决。区武装中队建制后，首要解决的是武器装备，根据上级自力更生的指示精神，结合当地实际情况，区武装中队采取了收缴、民间收集、购买等办法筹集武器弹药。收缴即发动全体队员收缴地主家的武器。武装中队先后收缴太平乡高坞欧阳寿的老式转轮手枪一支及他侄儿欧阳学根美式左轮手枪一支，清平乡龙泉庄村方文化的老式加拿大手枪一支，商坑商某某特大转轮一支。民间收集，经过组织发动，先后在清平源一带收集到民间的手榴弹51枚，步枪子弹3000余发，土手枪（射步枪弹，每次装填一发）3支，猎枪5支，刺刀、大刀12把等。购买，通过宋治文的干兄，杭州军官队大队副周英鹏的关系，由宋治文和邵尉祖乘去杭州卖杉木的机会，以2两金子的价格，买来7寸和5寸的"边及"各一支，每支带子弹10发。经过努力，短枪组的武器就装备起来了。

有了枪支，区中队马上开始扩充队伍工作，当初，区队只有富文乡毛岭脚马金春，重坑村方金陵，龙泉庄村吴祝荣，湖下村吴伟发，何家庄村朱锡和，高岘村许梓林、许竹全等人，中队以这些队员为骨干，到各地发动组织了十几名思想上进、政治可靠的进步人士参加武装中队，使中队人数由原来的11人扩大到35人。

金萧支队挺进皖浙边区

两支红色武装的艰难会师路

1949年年初，中国人民解放军金萧支队突出外线，力求打通与皖浙支队的联系，争取把皖、浙游击区连成一片。进军途中，接到中共皖南地委书记胡明给皖浙支队的介绍信，金萧支队支队长蒋明达派交通员柴明去安徽绩溪联络。皖浙支队政委唐辉给金萧支队回了信，并指定淳安十五都的联络点作为与金萧支队联系的地点。

金萧支队在淳安章坑留下武工队后，便按照约定，挥师赶到淳安十五都。政委张凡派王宝山等去联络，过了两个多钟头后，乃失望回来。原来皖浙支队的根据地在皖南，而边区县的武装又在淳安北乡，离此较远，联系十分困难。为此，部队只得转向分水边境，然后再折入淳安县境。在沿途半夏源(今临岐镇属)的民居墙上发现了许多反动标语。到达岔口村时，反动标语更是密密麻麻。据了解，附近临岐据点的国民党部队经常到此清乡。敌人活动频繁，恰好证明这里是游击区。又有群众反映，皖南游击队几天前曾到这里活动过，大家听了非常高兴。

部队在岔口村休息时召开了干部会议。会议决定，继续向皖南前进。会后，为了防止临岐据点的敌人追赶，部队继续向西，再向北插到昌化地区，然后折转淳安北乡。

部队由农民带路，已接近安徽地界，但还是没有皖浙支队的消息，部队显得有点焦虑。据当地老百姓反映，前边十几里的闻家，有淳安保警队两个分队盘踞。一天中午，金萧支队在昌化、淳安交界地区开会，决定改变计划，将保警队消灭后再返回浙东。此后，便由地方同志带路，六七名干部战士化装先行，大部队间隔后跟进。行进了几里路后，发现了一支不到20人的便装队伍。通过地方同志联络，得知他们是皖南边区县的武装，他们已经得悉了金萧支队的活动情况，但由于没能及时得到上级通知，因此有意回避，致使双方在此大山里捉迷藏似的转悠了好长时间。后来判明金萧支队确实是找他们联系的，才暗中叫地方同志将部队带上这条路，他们在途中等待。约定双方便衣见面，消除误会后，才走下山头会合。

据皖南同志说，闻家据点的保警队已于两天前撤走。于是便由他们带路，部队开进闻家宿营。次日，挥师进入安徽境内。1949年1月27日，金萧支队终于在皖南的绩溪县双磻溪，与人民解放军皖浙支队司令唐辉部会师。

茶合村革命烈士纪念馆

红色英魂护佑着绿色家园

威坪镇茶碣村（茶合村）是革命老区，该村有座革命烈士陵园，建在村东的和尚凸山顶，坐东朝西，墓呈椭圆形，是县级重点文物保护单位。

陵园内安放有1949年5月3日在追歼一股国民党残匪的茶碣宋家垅之战中，光荣献身的解放军第十二军第二十五师第一〇六团第二营第五连的赵金昭等13位革

张元明、徐樟顺纪念碑

茶合革命烈士纪念馆

命烈士的遗骨，以及1933年牺牲的中共洞源区委书记徐樟顺，中共浙西工委委员、代理特派员张元明等烈士的遗骨。烈士墓原址在茶合村洞源桥边，后经迁移。为了彰显烈士英灵，便于祭奠，1975年1月，国家拨款把烈士的遗骨移至对面前山坡上，并把徐樟顺烈士的遗骨也一并葬在此处，立了纪念碑，山顶造了八角亭。2015年，淳安县民政局拨款把烈士墓地及路道做了重大修整。2016年，在前山坳里建起一幢文化礼堂，现为革命烈士纪念馆，用来介绍展陈英烈事迹。

走进纪念馆一层，现代化的展厅里，回廊式历史展板、15盏长明灯、战斗沙盘、旧日地图、红色遗物……带动参观者的思绪回到了那个腥风血雨的年代。在这片革

命老区里，曾诞生了淳安县的第一个中共区委。区委书记徐樟顺1900年出生在茶合村，1933年12月加入中国共产党，后任洞源党支部书记、区委书记。1935年8月参与指挥金竹暴动，任淳歙边区红军连一排排长。9月，在突围时英勇牺牲。湖南籍的张元明1934年4月起历任中共歙县县委组织部部长、歙南县委组织部部长和代理县委书记，浙西工委委员和代理特派员等职，是金竹暴动的领导人之一。1935年8月由于叛徒出卖而被捕，12月在威坪英勇就义。

茶合村这个地处浙皖交界处的偏僻山村，因为茶合革命烈士纪念馆这条新推出的红色精品旅游线路而为人瞩目，每年都有数万游客前来红色旅游、避暑休闲。通过美丽乡村建设和发展红色旅游，该村已成为淳安乡村振兴的新样本。

高岭战役和富德战役

红旗漫卷清平源

在建立武装的基础上，淳建区一面积极地开展武装斗争，严厉打击封建地主和反动基层政权，一面又积极配合南下部队主动出击进行反“围剿”。

1949年4月中旬，国民党浙江省第四专署专员兼保安司令陈重，奉浙江省保安司令及衢绥公署的命令，亲率专署独立营及各县自卫队向淳建区进行疯狂的“围剿”。由于敌强我弱，淳建区为了减少不必要的牺牲，进行了战略性的转移，凡骨干人员都事先集中到了淳建交界的清明塔等高山峻岭中，找准时机积极配合南下解放军剿灭国民党残匪的战斗。参加了大小十多次战斗，其中的高岭战役和赋德战役规模比较大。

高岭地处淳安与建德县交界，因敌军事先强占了高岭山头，利用高岭易守难攻的有利地形负隅顽抗，我军连攻多次都被敌人打了回来。战斗从下午1时许一直打到傍晚，直到天快黑，我军组织了一支突击队，在当地百姓的引领下，从高岭的背面，攀越山崖，直插山顶，与正面部队同时夹击敌人，终于把盘踞在山上的敌军一举歼

灭。这次战役一共消灭了国民党陆军第44师司令部的30余名残匪。后人称这次战役为“高岭战役”。

富德战役也是发生在1949年4月中旬，是淳建区武装中队配合中国人民解放军“渡江第一连”在赋溪乡富德源与国民党第22绥靖公署的残余部队展开的激烈战斗。这次战役共歼灭了第22绥靖公署的残余部队50余人，缴获了大量枪支弹药及军用物资，只有中将主任罗洁莹因事先溜走未能抓获，但他随部携带的大批文件、财物、印章、书画全部被缴获。

这次战役结束后，中国人民解放军迅速撤离茶园镇，淳建区队划归茶园区政府。淳建区为茶园区的剿匪反霸、地方执勤、保卫胜利果实做出了重大贡献。

三线兵工——先锋机械厂

激情故事延续在大山深处

从汾口镇出发，约莫10分钟车程，到达翁川源村，一处神秘的建筑呈现在眼前。这便是曾经的三线兵工厂——先锋机械厂遗存。

先锋机械厂建立于1970年，隶属国防部第五机械部直接管理，亦称703，代号为5316，主要生产枪械和子弹。有3个人工凿洞，其中一号洞是生产枪架的，洞深近500米，“7”形结构；二号洞生产枪机，洞深近400米，“Y”形设计；三号洞呈“U”形结构，因为建完不久就搬厂了，所以一直没有使用。在三号洞的上方有一处面积约2000平方米的枪弹试射场，三面环山一个开口，枪支试射非常安全。

该厂原有1200多名职工，连带家属，人口最多的时候有3500多人。厂内拥有科技人员240名，在那个年代就能凭借自身技术，生产出大型拖拉机。到20世纪80年代末90年代初，随着我国国防现代化建设的快速推进，它也逐步退出历史舞台。1989年，先锋厂全部机械和绝大部分职工搬迁到了桐乡市。

打开山洞厂房的大门，一股凉意扑面而来，还伴随着淡淡的酒香。因为基本恒温，如今这里已成了规模宏大的酒窖。映入眼帘的是两边墙壁的黑板，上面写着那个年代的特色标语，虽是后期重新粉刷，但还是透露出浓浓的年代感。车间地上，留着当时摆放机器的痕迹，见证着曾经的辉煌。

在“703”边上，便是其他厂房。2016年，一部关于国防与军事的电影《天外来使》就有在这里取景。一幢幢红砖青瓦房或是石头砌成的厂房错落有致，斑驳的墙体、荒废的厂房，虽已杂草丛生，却与四周的古树和远山形成一道难得的风景。漫步于厂房的水泥路上，原始复古的气息扑面而来，仿佛跌进了旧时光的怀中，一路不敢高声阔谈，感受岁月的沧桑，甚至让人不自觉开始想象当年的画面。

如今，昔日的厂房依然在汾口镇偏僻的山中坚守着，向来访的游人诉说着那个年代特有的辉煌历史和时代变迁，并延续着她的传奇。

千岛湖龙川湾知青馆

向逝去的青春致敬

响应“农村是一个广阔的天地，在那里是可以大有作为的”号召，1970年，原中国人民解放军南京军区浙江生产建设兵团第十三团第二十四连组建，全省各地的3000余名知识青年，胸怀壮志，辞别亲人，远离都市来到千岛湖龙川湾。

知青在龙川湾种植树木，开垦田地，在这里烧大锅饭，排“样板戏”，做拓荒者。为纪念知青在这片热土上奉献了自己的青春年华及洒下的热血和汗水，特设立了知青馆。

知青馆的筹建得到了许多知青的热心帮助和支持，这里绝大多数照片、纪念品和文物资料也都是知青们无偿捐赠的。在这里可以看到知青们当年开山植树、筑堤围塘时所用到的农具和当年的生活用具，件件都记录着“老三届”和“返城知青”的烙印。特殊时代的人群，特殊人群的梦，挥之不去的情结，在这里得以展现。

“70公社”是原浙江生产建设兵团第十三团二十四连驻地。1970年5月，来自全省各地的知青，生活并扎根

在这儿，开垦山林、植树种桑、筑湖堤、围鱼塘，才使得龙川湾有了今天的模样。他们为千岛湖的开发与建设奉献了青春年华，谱写了一曲曲高亢而又平凡的青春之歌！

当年知青们利用曲折迂回的湖湾港汊，就势筑堤围塘，建起了几十个大小鱼塘。如今这里已开发成了特有的“湖中有岛，岛中有湖”的湿地风貌。当年知青们种下的幼苗，如今已长成参天大树。当年知青们开挖的蜿蜒曲折的机耕路，如今成了龙川诸岛中一条九曲回肠的游览路线。

现在的“70公社”不单建筑保留了当年知青宿舍的风貌，白色的墙壁上随处可见毛主席语录和画像，还有蹉跎岁月馆、老电影院、大队部食堂、知青文物陈列室这样的纪念地，处处透露着那个年代的质朴。

昔日风华正茂的少男少女，如今已是饱经风霜的爷爷奶奶。时光流逝，隔不断当年知青的情怀，岁月沧桑，抹不掉心头的记忆。岁月如歌、往事如烟。而今回首，人们只能从一张张布满皱纹的脸上寻觅那段远逝的青春。今天，重温这段激情的岁月，致敬逝去的青春，宛如重读一段厚重的历史，既读别人，也读自己。

富文乡富文村

中共淳建区委区政府创建地

1949年年初，中国人民解放军金萧支队在向皖浙支队靠拢途中，在桐岭地区留下了一支以陈风江为指导员的武工队。陈风江等在奉命开辟江西（富春江以西）地区后，便率武工队从富文聚壁返回清平里源的廷章村。

在廷章村，陈风江首先发展他在严州中学读书时的同学邵若冰（即邵克明）参加革命。并在其家中建立秘密联络点。此后，邵克明又介绍邵慰宗、邵春潮等4人参加革命。他们还对家境贫寒、思想开明的乡民代表主席宋治文展开动员和争取工作。使其利用自己的特殊地位和社会关系，为革命做了许多工作，通过邵克明等人的工作，先后在清平源里半源联络了20多人参加地下工作。

1949年4月3日晚，遵照陈风江的指示，6名骨干人员在富文村对面的溪滩上召开了一次秘密会议。会上，由邵慰宗传达上级指示，正式宣布成立淳建区，并任命邵克明为淳建区区长。接着，邵克明对大家做了分工：邵慰宗管武装，担任短枪组组长；宋治文负责宣传和情报工作，任情报组组长；许瑞椿为副区长。区署一般在富文和

廷章两地流动。根据当时的斗争形势，首先建立了区武装中队，由邵克明兼任区队长，饶寿荣任副区队长。并迅速扩充武装力量，组织群众抗丁、抗税、抗粮，积极开展统战和宣传工作，为解放大军南下筹集钱粮等。

1949年4月中旬，国民党浙江省第四专署专员兼保安司令陈重，奉浙江省保安司令及衢绥公署的命令，亲率专署独立营及各县自卫队，对淳建区进行疯狂“围剿”。面对敌强我弱，为了减少不必要的牺牲，淳建区署展开战略转移，搬迁至淳安、建德交界的黄保塔等地。凡骨干人员都事先集中到了淳建交界的清明塔等高山峻岭中。

4月底，为了加强淳建区的领导，中共江西县工委决定，成立中共淳建区委，并任命鲁行为特派员，陈展人为委员。中共淳建区武装力量向敌人主动出击，灵活机动反击“围剿”，最终把敌人赶出了根据地，并趁势解放了茶园镇。

茶园解放后，区中队配合人民解放军展开了淳建交界的高岭战斗，消灭了国民党陆军第44师司令部残部。接着，配合解放军“渡江第一连”在赋溪富德源展开激战，歼灭了第22绥靖公署的残余部分1000余人，缴获了大量武器弹药及军用物资。其中将主任罗洁莹虽逃脱，但其搜刮的大量财物和印章、书画被全部缴获。中国人民解放军移师后，淳建区武装中队划归茶园区政府。

三线兵工——红星兵工厂

忆往昔峥嵘岁月稠

红星兵工厂旧址位于汾口镇红星村的桂柱石自然村。作为“小三线”兵工厂，当年的红星兵工厂颇有一些军工企业的神秘色彩。整个兵工厂除职工宿舍、职工医院、子弟学校等生活区之外，其核心单位几乎都隐蔽在青石坪大山北麓的一条狭长山谷里。

红星兵工厂与全国其他众多“小三线”兵工厂一样，是那个特殊历史年代的产物。“三五”“四五”计划期间，浙江省共建成22家军工企业，其中淳安境内就有国营红星机械厂、红卫机械厂、先锋机械厂和东方机械厂4家军工企业，还建成了与之配套的红旗火力发电厂(位于百亩畈中宅村)、东风火力发电厂(位于威坪东方机械厂)、霞源山水力发电厂以及毛竹源专用码头。

最初的红星厂与红卫厂同属一套领导班子，对外称浙西第一化工厂，内部称国营9364厂，分为4小区。一区、二区、三区在横沿公社百亩畈，即后来的红卫厂。四区在郑家公社桂柱石村，即后来的红星厂。工厂于1964年开始筹建，次年开工建设，年底开始投入生产。管理人员和技术骨干选自哈尔滨等老军工基地和部队。同时，开设浙西第一半工半读机械技术学校，招收萧山、余姚、淳安的学生，专门为兵工厂培养工人。淳安县则全力支持工程兴建，划拨土地，调用木材砖瓦等物资，组织工匠和民工参与建设。

建厂伊始，可谓筚路蓝缕，创业维艰。1966年，国营9364厂分为红星机械厂和红卫机械厂。红星厂主要生产82迫击炮引信，小型钢珠手榴弹；红卫厂则主要生产手榴弹雷管、地雷雷管，后来也生产部分民用雷管。

到20世纪80年代末90年代初，随着我国国防现代化建设，兵工厂逐步实行军转民。红星厂也在1981年到1982年间，逐步完成了军转民。告别了兵工厂的身份，并更名为浙江钟厂，主要生产“寿星牌”台钟和落地摆钟。在军转民过渡期，红星厂曾在生产军工产品的同时，还先后生产过衣柜上的金属拉手，制衣用拷边机等民用产品。

进入市场经济时代后，为了谋求更大的发展空间，经浙江省国防工业办公室的批准，于1987年开始外迁嘉兴，隶属嘉兴市轻工业局。迁厂过程陆陆续续持续了3年时间，至1990年才全部完成工厂的整体搬迁。从此，曾经的红星厂渐渐淡出了人们的记忆，曾经喧闹的山谷也重新回归寂静。

如今的红星兵工厂旧址，昔日的厂房依然默默坚守在那个偏僻的山谷中,荒芜的厂区,破败的厂房,斑驳的墙体,犹如一位历经岁月沧桑的老人,在静静地向人们诉说着早已远去的红星兵工厂,在那个特殊年代里,那一段曾经的辉煌。

国营东方机械厂

这里曾上演激情的岁月

威坪镇飞源村一处隐蔽的山湾里，曾有一方神秘的天地。这里房舍堂配套，水电路齐全，对外称“国营东方机械厂”，实际上是特殊年代的三线兵工厂，主要生产82迫击炮弹。

该厂始建于20世纪60年代，军工代号“9303厂”。因建设东方机械厂，威坪镇飞源村4个自然村的群众随水库移民迁到外地。

深山藏蛟龙，为国铸利剑。当年的东方机械厂颇具规模，鼎盛时期职工人数达到2000人。厂内设有6个生产车间，职工宿舍、电影院、学校、澡堂等配套建筑和设施一应俱全。所有建筑依山而建，沿山分布，最高楼为6层。一幢幢青砖建筑布局于青山下，水锁关，山环绕，可谓别有洞天，别样世界。据该厂老职工回忆，那时，这里山高林密，常有豺狼等野兽出没，职工们在夜里经常能听到野兽瘆人的吼叫。虽然地处原始，生活艰苦，但广大职工用昂扬的斗志和饱满的热忱，充当着共和国国防的基石。

随着共和国国防现代化建设的快速推进，20世纪80

年代，深藏僻壤20载的东方机械厂完成了历史使命，掀开颇具神秘色彩的面纱，实行“军转民”。而后，全厂统一迁至浙江省嘉善县，最终湮没在历史的长河里，消失在人们的视野中。

如今，威坪镇东方机械厂的车间、办公楼、电影院、宿舍等青砖建筑仍在，但是随着时空的切换，这里已破败萧条，荒草丛生，热闹无存，喧闹不再，显示着岁月的斑驳。那一座座具有明显时代特征的建筑，在树荫与荒野中依然倔强地挺立着，无声地向追踪者叙说着逝去的峥嵘岁月，为访旧者诉说着曾经的激情时光。

这里是记忆的所在，这里是红色的遗存。这里存储着一个时代的信息，这里保留着一种精神的基因。近年来，越来越多的红色记忆珍藏者和淘宝人开始追寻那段激情燃烧的岁月，记录这段红光闪耀的历史，回味那些惊险跌宕的故事。当地的人们已经着手开发这处红色“矿藏”，以此铭记历史，激励未来。

中国人民解放军皖浙支队交通站

引旗入淳红江岸

王阜乡严家源头的美女尖山麓，雾云洞亭前，“中国人民解放军皖浙支队交通站”的标识，冲击着人们的视线。这里，沉淀着黎明前的腥风血雨，闪现着生与死的惊心动魄，与浙皖的红色革命史紧密相连。

1947年农历二月十九日夜，以传统的观音庙会为掩护，在韭菜坪(现淳安县王阜乡横路村)籍的皖南游击队骨干胡何仙率队护卫下，中共皖浙工委书记、皖浙游击总队总队长兼政委唐辉，地区直属机关连总指挥程灿，以及王成信、芮胜、[illegible]繁、老谢等领导同志在雾云亭举行会议，在醒目的党旗下，吕义高、胡德金、胡花果、胡义惷、胡义仁、胡义如等近10位当地村民举拳宣誓，光荣入党。

从此，这群世代只知垦荒刨食、养家糊口的韭菜坪山民，首次体验到了思想的觉醒，猛然感觉到了自身的神圣。那面神圣的旗帜使他们骤然感悟，原来自己并不能置身事外，更不是孤立无援，而是属于同一个阶级，这个阶级抱团奋起的力量，将足以改变自己乃至整个国家的命运。

雾云山洞——解放军皖浙支队交通站

为避白色恐怖，在有着丰富地下工作经验的红色战士提议下，全体地下党员的党证暂时统一掩藏于雾云洞后的崖壁中。

此后，韭菜坪成了红色武装前出淳安的桥头堡，雾云亭成为地下党员的联络点，雾云洞变身向皖南东山、瓦上等红色根据地传递情报的中转站，亦成为淳安解放战争初期红色武装进可攻、退可守的坚实屏障。

由于历史的原因，当时淳安的反动势力十分猖獗，对边区的革命群众心狠手辣，对皖南的红色武装虎视眈眈。然而他们没有想到，其一举一动，尽在人民武装的掌握之中。雾云山洞侧那两个不起眼的小石匣，成了韭菜坪地下党员和皖南支队交通员传递情报的秘密所在。淳

安的敌情，上级的指示，在观音像前的缭绕香烟中巧妙传送。为此，中国人民解放军皖浙支队在淳安境内神出鬼没，出其不意，行动灵活，运筹自如。交通站为中共淳分昌工委建立和淳安解放战争初期著名的邵家坪围歼战、天堂庵阻击战的胜利发挥了重要作用。

新中国成立前夕，胡何仙被叛徒出卖后遭遇反动武装伏击牺牲；黎明时分，程灿在桐庐印渚埠与白军保安团作战时壮烈献身；新中国成立初期，唐辉在回访浙皖边区根据地时失事牺牲。而韭菜坪(现横路村)地下党员们的党证不慎在风雨侵蚀中损毁，能为他们“证明身份”的希望变得越来越渺茫。但全体党员始终牢记自己的党员身份，用誓言自励，固守初心，奋斗终生。

新中国成立后，随着一浪高过一浪的建设热潮，由于缺乏必要的证明身份的条件，韭菜坪“地下党员”们的身份一直没有机会验证，时间的流逝更让其成了一个日趋远去的“悬案”。但大家并没有将此解不开的“心结”转换为心不甘“情绪”，他们依然以战争年代同样的觉悟和斗志，积极投身激情燃烧的岁月，全力融入万马奔腾的时代。

20世纪50年代，仙人潭小型水电站建成，云雾山中的韭菜坪实现了村里通广播，户户亮电灯。60年代，黄石潭与韭菜坪的连线公路接通，汽车将大山和外面世界的距离大大缩短。七八十年代，村里大力兴修水利，引进了

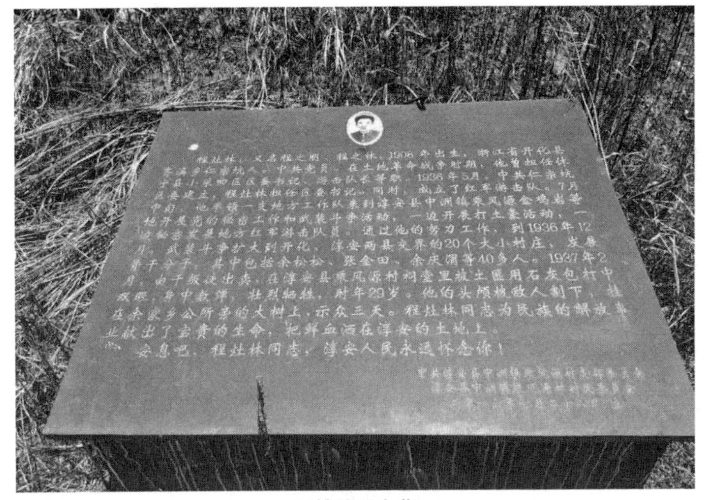

程灶林烈士墓

贡菊，发展山核桃、茶叶等，先后建造了大会堂，建起了茶厂，办起了学校，一口清澈的高山池塘更是日夜映照着这里的变迁。进入21世纪，村里的变化更是日新月异，网状林道、硬化公路、互联网络、休闲广场、小车别墅，让人眼花缭乱，显示着这里的发展与蜕变。

悠悠岁月，铮铮铁马。一块四处流民的寄身地，一群生存维艰的拓荒者，数百年听天由命，几十代自生自灭，却与跌宕起伏的红色斗争史难解难分，在风起云涌的淳安革命史中扮演主角。这不是历史的裹挟，而是潮流的荡涤，更是精神的升华。

如今山花已烂漫，先烈应在丛中笑。横路村，韭菜坪，这个只用植物作地名的山寨，这个曾经战鼓闹开场的雄关,这里的人们,时刻疏浚着红色的源头,不断构筑着精神的家园,向着更美好的明天迈进。

中国人民解放军皖浙支队交通站,必将激励着后来者为振兴家邦而克难前行。

浮林村救火烈士纪念碑

烈焰丹心固守水秀山清

在姜家镇浮林村的青松翠柏间，矗立着一座高大的“救火烈士纪念碑”，以纪念当年在一场山林大火中壮烈牺牲的烈士。

2011年2月5日（农历正月初三）11时许，姜家镇浮林村方家村墓地附近山林发生火灾，大火迅速蔓延到下坑坞山。面对突如其来的山林火灾，该村村民、附近群众在共产党员和村干部带头勇扑山火行动的感召下，积极自发投入扑救山林火灾的抢险行动中。由于当日天气晴朗，且风助火势，山林火灾迅速猛烈蔓延。在扑救大火过程中，村民姜美娣、姜崇槐、姜明堂、余新养、姜良青及杭州机床集团职工姜继学英勇牺牲。村民姜明三、姜良礼严重烧伤，村民余诗金右小腿严重骨折。

当日下午，时任浙江省委书记赵洪祝、省长吕祖善和浙江省委常委、杭州市委书记黄坤明等省市领导，迅速就淳安县“2·5”山林大火作出批示，要求全力扑救山火、抢救伤员，妥善处理善后工作。22时许，经过10多个小时扑救后，浮林村山火终于扑灭，大片山林和山下紧挨着的农房总算保住了。

2月6日，淳安县人民政府作出见义勇为表彰奖励决定，追授因救火牺牲的姜美娣、姜崇槐、姜明堂、余新养、姜继学、姜良青等6人为“见义勇为勇士”荣誉称号，追记三等功一次；授予姜明三、余诗金“见义勇为先进分子”荣誉称号，嘉奖一次。2月7日，淳安县委追认姜明堂、姜美娣、姜崇槐为“优秀共产党员”称号。3月9日，浙江省人民政府下发《革命烈士通知书》，为扑救“2·5”山林火灾而牺牲的姜美娣等6人被批准为革命烈士。

“名流后世，德及乡里。”追悼会上，浮林村200多村民自发前来为英雄送行，方圆几十里内的数十个村庄送来了花圈。9位救火英雄中，无论是4位共产党员、3位村干部，还是几位村民代表和村民，留给人们的印象都是助人为乐、任劳任怨，大事小事冲锋在前。村民们哭着说，无论救火，还是日常生活，这些人都是好样的。

中国工农红军北上抗日先遣队纪念馆

铁血英魂已化作朵朵祥云

1934年7月至1935年2月，有一支队伍，深入闽、浙、皖、赣4省，行程5600余华里，大小战斗上百次，他们用血肉浇铸、凝聚成“奉献”与“牺牲”的不朽丰碑，这就是中央红军长征前夕第一缕红飘带——中国工农红军北上抗日先遣队。其行动，是中共党史和中国工农红军战争史上极具震撼力的历史事件。

为了纪念该事件，2016年9月23日，淳安县委县政府投资6000余万元，建成中国工农红军北上抗日先遣队纪念馆并投入使用。

纪念馆坐落于中洲镇厦山村，距离千岛湖镇约1.5小时车程。这里山水幽静，风景秀美，五百年浙皖古道穿村而过，现仍遗留有完整的古栈道、古关隘，人文景观自然景观俱佳。

该纪念馆是我国首座全面展示中国工农红军北上抗日先遣队历史征程的展馆，占地120余亩，主体建筑面积7274平方米，广场面积1.2万平方米，是一座集红色教育、廉政教育、国防教育和党史研究、干部培训、乡村旅

中国工农红军北上抗日先遣队纪念馆

游等为一体的综合性场馆。

纪念馆总体定位标准高、功能设施齐全，力求打造史料最齐全、实物最丰富、史实最权威、研究最透彻的中国工农红军北上抗日先遣队纪念馆，使之成为极具影响力的爱国主义教育示范基地。目前，纪念馆已被确定为杭州市委组织部干部培训基地和中纪委杭州培训中心分点，成为一处红色教育的基地。

纪念馆分为展览馆、研究中心、革命旧址三大板块。展览馆布展面积3732平方米，以“铁血军魂”为主题，通过“启程”“征战”“重整”“天殇”“新生”“人物春秋”六大板块，以详尽、权威的史料和崭新的布展方式，将中国工农红军北上抗日先遣队的征战历史全面展现在观众面前。

研究中心具有突出的研究、教育功能，设置有可容纳60余人的教室、可容纳160余人的报告厅、可容纳20余人的会议室各一间，还拥有可容纳200余人的餐厅及101个床位。纪念馆周边有茶山会议旧址、先遣队临时医院旧址、方志敏旧居等中国工农红军北上抗日先遣队革命旧址10余处，保存完好，蕴含着较高的文物价值、研究价值、红色教育价值。

枫树岭镇下姜村

梦想成真的富美山乡

枫树岭镇下姜村是5任省委书记的基层联系点，是展示“心无百姓莫为官”的重要窗口，这里被誉为“梦开始的地方”。

在浙西，下姜村一直很有名。过去出名，是因为“穷”。现在的下姜村村名前却常被人们冠以“最美”“最富”这样的形容词。说起下姜的“翻身记”，村民们会不约而同提到浙江原省委书记习近平同志。2003年至2007年，习近平同志多次来到下姜村实地考察，无数次担当了下姜村脱贫致富的引路人。

榜样有形，润泽无声。榜样是看得见的哲理，也是最好的说服力。“每次习近平同志到下姜村走访，无论时间多紧张，都要去看看村里的贫困户”；“习近平同志虽然离开了浙江，但一直惦记、关心着下姜村”……

该村党员干部始终围绕习近平2006年在下姜村提出的“农村党员干部要争做‘发展带头人、新风示范人、和谐引领人、群众贴心人’”的要求，推进党建和经济社会发展，围绕现代的红色资源，打造下姜3A景区、群众观

枫树岭镇下姜村

教育基地、彩色农业观光体验基地、旅游休闲清凉度假基地。2012年6月，村党总支被授予“全国创先争优先进基层党组织”称号，2013年9月获得浙江省“美丽乡村”称号，2015年顺利通过国家3A级景区验收，2016年被挂牌为浙江省委党校现场教学示范基地，2017年挂牌成为杭州市“红绿蓝”三色现场教学基地，并成功创建全国文明村、全国民主法治示范村，2018年评为全国休闲美丽乡村。

山水秀丽的下姜村，这几年乡村旅游大步发展。目前共有33家民宿，其中9幢精品民宿，共550多个床位。既有高大上的，也有接地气的。有“五狼坞登山露营基地”，也有“爱磨的豆腐”；既有“水上游船”，也有“讨打的麻糍”；既有葡萄采摘基地，也有打铁铺……下姜村还推出

红色+绿色疗休养旅游线路、聘请首位乡村振兴职业经理人、夜间休闲餐饮项目“姜小馆”营业。6月28日，位于村东口山坳处，总投资800万元，总建筑面积达2300平方米的猪栏餐厅“下姜人家”开门迎客，如今已成为下姜村最新网红打卡点。二楼还打造了红色培训基地，可容纳400人培训。千岛湖高铁站开往下姜村的旅游巴士正式开通后，去下姜村旅游将更加便捷。

下姜村乡村振兴展示馆

红雨作墨前路更高远

下姜村及周边地区乡村振兴发展规划展示馆布展面积600余平方米，分上下两层，由一个序厅、四个单元和一个“学习角”组成，4个单元链接着情满下姜、梦启远航、畅想未来、融合发展、星火燎原等史诗段落。

2018年，在有关部门的高度重视下，重新布展建造了下姜村乡村振兴展示馆。主要改造内容包括6个主题单元的布展陈列、墙面粉刷、电力安装、给排水及其他配套工程等。

新布置的展示馆通过图片、文字和实物，翔实铭刻着党和政府春风般的指引航迹，记录着“旧下姜”变身“新下姜”的发展轨迹，上演着从“小下姜”到“大下姜”的时代大戏，印证着当地干部群众追寻梦想中的改天换地。

回望过去，下姜人一步步实现了“温饱梦”，进而实现了“小康梦”。现在正撸起袖子，继续奋斗，争取早日实现“振兴梦”。下姜精神在时光的冲刷中历久弥新，在阡陌田园发出乡村振兴时代最强音。在这里激发出的最浓郁、最真挚的情感，不只是怀旧的过去式，更是指引新一

代村民向往美好生活的现在时、将来时。

村民们都记得，习近平同志第一次来的时候，颠簸了60多公里的“搓板路”，坐了半小时轮渡，又绕了100多个盘山弯道，方才进了村。从21世纪初开始，下姜村成为5任省委书记的基层联系点，一任接着一任干。村民们记得，习近平第二次来的时候，听说村民们托他找的专家已经帮助每户农民增收，很是高兴。不久，驻村指导员走进了浙江的3万多个村庄。村民们记得，习近平第三次来的时候，语重心长地号召下姜村党员干部“要做生产发展的带头人，要做新风尚的示范人，要做和谐的引领人，要做群众的贴心人”。

走出乡村振兴展示馆，院子里4个分别以“争做发展带头人”“争做新风示范人”“争做和谐引领人”和“争做群众贴心人”为题的特制大相框，已成了下姜村最有代表性的留影场景。代代传承的红色信仰，而今已经成为下姜村新乡土文化的精神内核，村内，处处可见“正能量”。“思源亭”“感恩日”“连心桥”，诉说着党和百姓的鱼水之情，表达着坚定跟党走的信念决心。

村外，络绎不绝的人们到新农村建设展示馆接受党性锻炼和群众观教育。下姜村已是省市红色教育基地。

淳安博物馆

安放灵魂的精神家园

2018年5月18日，千岛湖镇珍珠半岛，一处巍峨的圆形建筑掀起了神秘的面纱。淳安博物馆向世人敞开了大门。

序厅气势恢宏，顶部是一个由30多万片贝壳组成的艺术装置，代表着淳安的水；几艘悬挂的木船，营造了置身水底的空间感；四周墙面的块状起伏装置，则代表了淳安曾经的山，现在的岛。序厅周边为接待区、咨询处、售卖处等公共服务空间和临展厅。临展厅主要展陈摄影、书画、器物等展品。

历史厅分“文明曙光，置县之始”“新安中流，人文蔚起”“严陵首邑，文献名邦”“甲等强县，浙西要枢”4个单元，讲述了淳安4000年的历史。

先民在新石器时代，即点亮了新安江畔的文明之光；西汉末年起，为避战乱，大量氏族迁淳；公元208年，贺齐置郡设县……在这片古老的大地上，淳安的祖祖辈辈，兼收并蓄，创造了独具地域特色的新安文化，成就了“文献名邦”。该厅展出了我县100余件珍贵文物，其中方

腊起义刻石为镇馆之宝。

博物馆专设的移民厅，面积达1300平方米，一段特殊的历史在这里被永久珍藏。

展厅入口，矗立着一块高大的移民纪念碑，上面镌刻着本展厅的主题：国家特别行动。此碑以水库堤坝与城墙相结合的造型配合艺术装饰，纪念新安江截江成湖的历史壮举。展厅展示了众多移民老物件、老照片，参观者戴上耳麦即可倾听一个人、一个家庭、一个村庄的移民故事。

1959年，为了建设新安江水电站，近30万淳安人“少带旧家具，多带新思想”移民他乡，为新中国建设做出了巨大牺牲。为了纪念这一段历史，专设的“移民厅”向移民表达敬意。厅内分国家战略、特别行动、移民之路、湖岛新生四大内容，以水库建设、移民迁徙、铭刻家园、移民故事与今日千岛湖为脉络，向观众详尽展示了这场大行动的震撼与悲壮，展现了淳安人民舍小家为大家的奉献精神与顾全大局、舍己为国的家国情怀。故土难离，是中国人几千年来根深蒂固的观念。在顷刻之间，告别祖辈的坟茔，痛别自己的家园，对于任何人来说，都是一场艰难的抉择和心灵的考验。有位名人曾感叹，新安江水库移民为祖国建设做出的牺牲是巨大的，他们在心灵上所受到的震动，在重建家园中遇到的艰难，是不曾亲历过的人所难以想象的。

这次非常时期的特殊迁徙，是淳安人民为共和国大厦增添的厚重砖瓦。这种大忠大义的精神，经过后辈们的传承，必将推动康美千岛湖建设克难前行。

后记

《永恒记忆》寄天骄

程 就

在伟大的中国共产党百年华诞的历史节点，淳安县融媒体中心携手县委党史研究室，在《今日千岛湖》上特别推出了《红色光标》栏目，今天汇集成《永恒记忆》予以出版。作为《红色光标》栏目的组织者、主持人和《永恒记忆》的作者，我对此感叹不已，感慨万千。

集山区、库区、边区、老区于一身，这是淳安历史与现实的真实写照。如果说，山区体现着壮丽，库区书写着壮举，那么，边区则印证着壮怀，老区更记录着壮烈，这些都注定成为我们这个族群的历史印记和先天胎记。虽然，历届县委县政府对红色史料的抢救发掘工作给予了高度重视，无数的党史工作者也为此做出了很大的努力，但在浩瀚如千岛湖的淳安革命史料中淘宝，依旧难免有淡忘的宝玉和遗落的珍珠。

作为淳安主流媒体的综合平台，淳安县融媒体中心不负县委重托与群众期盼，激发创新精神，身负时代担当，倾心全媒体发展，倾力融媒体建设，不断提高新闻舆论传播力、引导力、影响力、公信力，更好地因应新时代，传导正能量，《永恒记忆》就是平台衍生的一个精神产品。

为淳安的红色宝库再开一扇门，为淳安的血色丰碑再砌一块砖，为淳安的金色时代再添一缕光，为淳安的彩色未来再吟一首诗，这是我们的职责，更是我们的使命。对此，我们义无反顾，义不容辞。

用记录告慰先行者，将史实传与后来人，让我们在一起承受工作的艰辛和疲惫后，共同分享由此带来的自信与自豪。

在史料搜集、史实采集和书籍出版过程中，县委党史研究室给予了大力支持。党史专家江涌贵提供了精心的指导。在文集的编写和文稿的编排中，县融媒体中心予以了高度重视，刘来根、邵克明、方新英、蒋光利等同志亦倾心花费了心力，在此一并表示感谢并致敬意！